AF567713

Dieter Hönig

Testament eines Freimaurers

Das große Geheimnis aus der Innensicht

Dieter Hönig
Testament eines Freimaurers
Das große Geheimnis aus der Innensicht

1. Auflage 2019
Printed in EU
ISBN: 978-3-903229-13-6
Verlag: delta X, Wien | www.deltax.at

Satz, Korrektorat & Umschlaggestaltung: Ing. Angelika Steck
Lektorat: Dr. Norbert Regitnig-Tillian
Coverfotos: © OpenClipart-Vectors/pixabay.com,
© Mr_Murdoch/pixabay.com, © mikegi/pixabay.com,
© mihalec/istockphoto.com, © fauk74/istockphoto.com,
© Marietjie Opperman/123rf.com

Alle Rechte vorbehalten.
Kein Teil dieses Buches darf ohne schriftliche Genehmigung des Verlages vervielfältigt oder verbreitet werden. Das gilt insbesondere für die gewerbliche Vervielfältigung per Kopie, Übersetzungen sowie die Vervielfältigung auf elektronischen Datenträgern.

Vorwort
des Großmeisters der Großloge von Österreich

Doch rufen von drüben
die Stimmen der Geister,
die Stimmen der Meister:
Versäumt nicht zu üben
die Kräfte des Guten.
Wir heißen euch hoffen.

Das ist der letzte Vers aus Johann Wolfgang von Goethes Gedicht „Symbolon". Es wurde den Freimaurern gewidmet und soll ihnen helfen, ihren Weg durch das Labyrinth ihres Lebens zu finden.

So dient es auch dem freien Journalisten und ehemaligen Opernsänger Dieter Hönig zur Richtschnur, der seit nunmehr zwanzig Jahren Mitglied des Freimaurerbundes ist und in dieser Zeit – etwa vom „Vorbereitenden Meister" bis zum „Deputierten Meister" – die verschiedensten Logenämter innehatte. Die Erfahrungen im Lauf dieser Zeit hat er in diesem Buch mit dem Titel „Testament eines Freimaurers" festgehalten. Darin schildert er auf humorvolle Weise, aber durchaus ernsthaft und mit viel Tiefgang, wie es einem Freimaurer gelingen kann, sein Leben „tätig seinem wahrhaften Ziel entgegenzuführen". Was an glücklichen und schmerzlichen Dingen auf ihn zukommt und wie er als Freimaurer damit umzugehen gelernt hat, beschreibt Dieter Hönig mit bewegenden, autobiographischen Reflexionen und auch im Zusammenhang mit der rituellen Arbeit der Freimaurer und ihrer Symbole.

Das Buch versucht, die Arbeit der Freimaurer so darzustellen, dass sie auch Menschen, die nichts davon wissen sowie Suchenden einen Einblick in diese Welt vermittelt. Die Person des Autors dient dabei als Guide, an dem die Wirkung der freimaurerischen Arbeit sichtbar wird. Er hat sich in seiner Erzählung bemüht, sowohl auf Basis geschichtlicher Überlieferung als auch durch seine höchst persönlichen Erlebnisse, dem wahren Wesen dieses geheimnisumwitterten Bundes auf den Grund zu gehen. Seine Werkzeuge sind dabei kritischer Humor und Selbstkritik. Es ist dies eine Herangehensweise an das Thema Freimaurerei, wie man sie in dieser Tiefe nur selten vorfindet.

Georg Semler
Großmeister der Großloge von Österreich

Inhaltsverzeichnis

Prolog

Ich kenn ein drollicht Volk (Freimaurer),
mit mir kennt es die Welt,
Das schon seit manchen Jahren
Die Neugier auf der Folter hält,
Und dennoch kann sie nichts erfahren.
Hör auf, leicht gläub'ge Schar,
sie forschend zu umschlingen!
Hör auf, mit Ernst in sie zu dringen!
Wer kein Geheimnis hat,
kann leicht den Mund verschließen.
Das Gift der Plauderei ist,
nichts zu plaudern wissen,
Und wissen sie auch was,
so kann mein Märchen lehren
Und man zuletzt wohl spricht:
war das der Mühe wert,
Dass ihr es mir gesagt und ich's von euch begehrt?

Die Verse stammen aus einem ironischen Gedicht von Gotthold Ephraim Lessing. Es handelt von einem armen Bauernjungen, der von seinem Beichtvater ins Verhör genommen wird, um seinem Geheimnis auf die Schliche zu kommen. Nach langem Drängen und Drohen des Pfarrers gibt Hans sein Geheimnis preis: ein Vogelnest!

Geh Narr, ein Vogelnest war nicht der Mühe wert,
Dass du es mir gesagt und ich's von dir begehrt.

Es gibt Menschen, die einzig in Heimlichkeiten das Wesen der Freimaurerei erblicken. Dies kommt offenbar daher, dass sie vom eigentlichen Wesen der Königlichen Kunst nur wenig Ahnung haben. Die Moral: Man sollte sich mit Heimlichkeiten nicht allzu wichtig machen, nicht noch mehr in sie hineingeheimnissen. Von Heimlichkeiten soll hier daher auch nur am Rande die Rede sein. Hat die Freimaurerei ein wirkliches, ernsthaftes, großes Geheimnis? Das ist, worüber ich schreiben möchte.

Liebe Leserinnen, liebe Leser,

Sie interessieren sich für die Freimaurerei? Wahrscheinlich haben Sie schon einiges darüber gelesen. Die einschlägigen Buchläden sind voll davon. Gewiss haben Sie auch von jenem vielzitierten Geheimnis der Freimaurerei gehört. Ein Geheimnis, das nicht mitteilbar ist, wie Freimaurer gebetsmühlenartig immer wieder betonen. Mir ist es einst ähnlich ergangen. Vom übermäßigen Konsum qualitativ unterschiedlichster Freimaurerliteratur verwirrt und betäubt, gelangte ich letztendlich zur resignierenden Frage, welchem der zahlreichen, in ihrer Auffassung über Wesen und Sinn der Maurerei oft nicht konträrer sein könnenden Autoren ich denn überhaupt trauen könnte, da mir das eigene Maß noch fehlte. Antworten auf Fragen der Freimaurerei bekam ich vom Leben selbst, in jenen seltenen Augenblicken, da es sich auf geheimnisvolle Weise zu offenbaren schien.

Vom Beislphilosoph zum Suchenden

Lassen Sie mich an jenem Ort beginnen, wo alles für mich seinen Anfang nahm. Ein Lokal, das ich mit einer gewissen Regelmäßigkeit immer wieder aufsuchte, das mir so zur zweiten Wohnung wurde, und wo mein maurerischer Weg, seltsam genug, erstmals konkrete Formen annahm: ein italienisches Beisl in Wien.

Es ist nun mal so, dass eine gewisse Spezies von Männern, der auch ich angehörte, ihr Stammlokal hat. Man trifft hier Freunde und Gleichgesinnte und betreibt, je nach Stimmung mehr oder weniger tiefsinnige Konversation. Man betritt das Lokal, bestellt ein Gläschen, positioniert sich mit Blick zur Tür und, wie von unsichtbarer Hand herbeigeführt, stellen sich nach und nach die herbeigesehnten Kumpane ein: ein Notar, ein Regierungsrat, ein Architekt, ein Manager, ein Maler, ein Immobilien-Heini – und mit der Zeit werden es mehr und mehr dieser netten Leute. Zufall oder Schicksalsfügung? Mein Stammbeisl war ein von zahlreichen Freimaurern frequentiertes Lokal.

An den Freimaurern war ich seit geraumer Zeit zumindest interessiert. Auch deshalb, weil ich einige Herren, die in jenem Beisl regelmäßig verkehrten, zu meinen Freunden zählen durfte. Klar, dass sie sich beim Thema Freimaurerei mir gegenüber bedeckt hielten, was aber nicht verhinderte, dass ich von Zeit zu Zeit einige ihrer Gespräche am Rande mitbekam. Allein mein Wissen über diesen geheimnisumwitterten Bund reichte nur wenig über dessen Existenz hinaus. Also versuchte ich es mit Lesen. Aber auch das sollte mir keine bedeutenden Aufschlüsse bringen. Was Freimaurer bezwecken und wer sie wirklich sind, blieb für mich ein Rätsel.

Man hört zuweilen, Freimaurer strebten die Weltherrschaft an, wären die geheimen Dunkelmänner hinter Verschwörungen und Revolutionen, stellten gar einen Staat im Staate dar. Wie überall anders, dachte ich, ist der Mensch auch in diesem Fall geneigt, Horrormeldungen sein Interesse zu widmen und diesen Glauben zu schenken. Es scheint wohl in der Natur des Menschen zu liegen, dass er einer Vereinigung, die sich in ein Geheimnis hüllt, an dem sie die Öffentlichkeit nicht teilhaben lässt, mit Misstrauen begegnet. »Denn wer Gutes tut, braucht das Licht der Öffentlichkeit nicht zu scheuen«, lautet die allgemein verbreitete Volksmeinung, die auch für mich damals einer gewissen Logik nicht entbehrte. Die Gerüchte hatten der Freimaurerei zwar eine gewisse Aura verliehen, aber auch zur Folge, dass Freimaurer sich zu allen Zeiten den absurdesten Vorwürfen ausgesetzt sahen. Dass sie mit solch zweifelhaftem Ruf behaftet, über Jahrhunderte hinaus existieren konnten, schien für mich eines ihrer wirklichen Geheimnisse zu sein.

Es ergab sich, dass ich in jenem Beisl die Bekanntschaft einer Persönlichkeit machte. In ihr lernte ich einen geselligen, aber auch geistreichen und amüsanten Mann kennen, den ich in späterer Folge zum Freund gewinnen konnte. Er war einer jener Menschen, zu denen man auf Anhieb Zugang findet, Ende fünfzig, mit enormem Selbstbewusstsein und seltener Eloquenz. Obwohl ein viel beschäftigter Mann, sprach er niemals über Stress. Dennoch konnte ich an seiner Körpersprache manchmal deutliche Burnout-Symptome beobachten. Meistens dann, wenn er sich nicht beobachtet fühlte. Er hatte ein seltsames Schulterzucken, gepaart mit hektischem Kopfschütteln. Fast so, als wollte er seine Sorgen und Probleme mit einem Ruck von sich werfen.

Von Beruf Architekt, schien es ihm große Freude zu bereiten, mit anderen über seine Tätigkeit zu sprechen, bis in Details, die mich, den in diesen Dingen doch Ahnungslosen, überfordern mussten. Trotzdem war es für mich ein Vergnügen ihm zuzuhören. Ich kam auch selten in die Verlegenheit, ihm gegenüber Interesse nur zu heucheln. Dies merkte er und es schien ihm zu gefallen, hatte er in mir doch einen aufmerksamen Zuhörer gefunden. Zuhören können, war eine Tugend, die mein neuer Freund an anderen besonders schätzte. Hörte er sich etwa gern selber reden?

Dass wir beide völlig unterschiedlichen Berufen nachgingen, er als Architekt, ich als Sänger, tat unserer beginnenden Freundschaft keinen Abbruch. Auch nicht, dass mein Freund immer wieder ungefragt vorgab, zur Musik keinerlei Beziehung zu haben. Er empfinde sie als störendes Geräusch, wie er mir versicherte. Um jedwede Berührung mit Musik zu vermeiden, ging er so weit, sein Autoradio entfernen zu lassen. Schrammelmusik beim Heurigen kam in seinen Ohren einer groben Beleidigung gleich, Bar-Musik ebenso.

Auch ich war kein Kind falscher Bescheidenheit. Von Zeit zu Zeit der „Architekturvorträge" meines Freundes etwas müde, begann ich einfach das Thema zu wechseln und beglückte meinen Freund meinerseits mit Schwänken und Schnurren aus meiner Sängerlaufbahn.

So hatte ich früher die Ehre, jährlich bei den Salzburger Osterfestspielen mitzuwirken. Einmal gab man Richard Wagners Lohengrin, am Dirigentenpult stand Herbert von Karajan, und ein weltberühmter Heldentenor sang den Lohengrin. Besser gesagt, er sollte ihn singen. Doch der Tenor war hörbar in einer ernsten Stimmkrise und bei einer der letzten Orchesterprobe verzweifelt bemüht, einen lauten Ton hervorzubringen. Vergeblich, mehr als ein heiseres Krächzen war seiner Kehle nicht zu entlocken. Auch das flehentliche Bitten des Maestros zeigte wenig Wirkung. Der Tenor blieb stimmlos, die Stimmung im Festspielhaus war gleich null. Auf das allerletzte verzweifelte Ersuchen des Maestros: »Bitte, wenigstens einen lauten Ton«, entgegnete zornig und entnervt der Tenor: »Maestro, es gibt mindestens vierzig Dirigenten auf der Welt, die den „Lohengrin" dirigieren können, aber gerade einmal vier Sänger, die ihn singen können!« Der Maestro schlagfertig und ungerührt: »Ich bin einer der vierzig!«

Meinen Freund amüsierten solche Anekdoten aus meinem Sängerleben, es schien, als könnte er sich daran nicht satt hören. Nun, ich sollte ihn bei Gelegenheit mit weiteren Anekdoten beglücken.

Ich empfand ein neues Gefühl der Verbundenheit ihm gegenüber. Etwas, das mir in dieser Form bisher fremd war. Wir trafen uns, wie in Stammbeisln üblich, zumeist zufällig, aber doch mit einer gewissen Regelmäßigkeit. Mit der Zeit und mit der Menge der konsumierten Gläser Wein bekamen unsere Gespräche oftmals Tiefgang, dabei kam mir jegliches Zeitgefühl abhanden. Wir sprachen über allgemein menschliche Themen und gerieten oft in geradezu philosophische Höhen. Auch wenn man es nur ungern eingesteht, bringt der Wein bei manchen erstaunliche Dinge zutage und kann ihren Geist geradezu beflügeln. Zumindest bei uns beiden war das anfangs der Fall.

Diese ungezwungenen, nicht krampfhaft herbeigeführten Gespräche erreichten vielleicht gerade durch ihre Beliebigkeit einen besonderen Tiefgang. Freilich waren die Treffen mit meinem Freund, die sich oft bis in die Nacht hinein zogen, meiner Ehe nicht gerade förderlich, da das Essen am häuslichen Herd verbrutzelte. Ich zog in solchen Stunden den geistigen Austausch jedoch entschieden dem leiblichen Wohl vor, und nichts in aller Welt sollte mich davon abbringen, auch nicht meine Ehefrau. Eine Einstellung, die mir später allerdings die Frau abhanden kommen ließ.

Männergespräche in dieser Ausgedehntheit und Intensität sind ungewöhnlich und lassen zumindest auf einen ausgeprägten Hang zum intensiven Dialog schließen. Der Leser wird, wie damals auch ich, bereits erraten haben, dass es sich bei meinem Freund um einen Freimaurer handelt. Mein lustiger, trinkfreudiger neuer Freund war in der Tat ein Eingeweihter. Die Neigung zu fröhlicher Geselligkeit, verbunden mit einer etwas lockeren Auslegung der ehelichen Verpflichtungen, soll jedoch nicht zur irrigen Ansicht führen, dass Freimaurerei und Familienleben nicht miteinander vereinbar sind. Viele Freimaurer sind vorbildliche Familienmenschen. Auch wollen diese Treffen mit meinem Freund nichts über die Trinkfreudigkeit von Freimaurern im Allgemeinen sagen.

Im Laufe von Wochen und Monaten intensivierte sich unsere Beziehung in geistiger Hinsicht auf erstaunliche Weise. Nach etwa einem halben Jahr intensiven geistigen Austauschs kam zu schon vorgerückter Stunde fast beiläufig die Frage meines Freundes: »Hast du dir schon einmal Gedanken über mein Weltbild gemacht?« »Könnte es etwa sein, dass du Freimaurer bist«, heuchelte ich gespieltes Unwissen. »Und – willst du Freimaurer werden? Willst du zu uns kommen?«

Selbstverständlich wollte ich. Hatte ich denn nicht schon lange auf die Frage gewartet? Hatte ich diese im Herzen nicht schon längst ungeduldig herbeigesehnt? Ich ließ es meinen Freund jedoch nicht merken und tat erstaunt. Fast beiläufig sagte ich, dass ich zuvor noch Genaueres über diesen geheimnisumwitterten Bund wissen müsse, ehe ich mich endgültig entscheiden könne: »Was tun Freimaurer? Was sind ihre Ziele? Was ist ihre Philosophie?« Mein Freund wies auf das Bild eines namhaften, uns beiden bekannten Künstlers an der Wand: »Nimm das Bild unseres Freundes! Wie wäre es, wenn du es das erste Mal in deinem Leben zu Gesicht bekämest und ihn, den Maler, fragen würdest, was er sich dabei gedacht hat? Was müsste er dir darauf wohl antworten?«

Wir streiften also bereits das berühmte maurerische Geheimnis im Gespräch: mit Worten nicht mitteilbar, aber erlebbar. Es scheint eine Spezialität von Freimaurern zu sein, sich gerne in Allegorien und Bildern auszudrücken. Auch haben viele von ihnen gemeinsam, sich gerne fragen zu lassen, die Antwort jedoch stets schuldig zu bleiben. Eine beinahe sadistische Neigung, Verwirrung beim Fragenden zu stiften, was mir in der folgenden Zeit noch unzählige Male passieren sollte. Die Zeit verging, die Verwirrung, aber auch meine Erwartungen wuchsen, mein Freund wurde schließlich zu meinem Bürgen, und ich vom bloß Interessierten zum Suchenden.

Es war Aufgabe meines Bürgen, mich in intensiven Gesprächen behutsam an Sinn und Zweck der Maurerei heranzuführen, mir nur so viel mitzuteilen, wie er aus seiner Sicht verantworten und mir, dem weitgehend Ahnungslosen, zumuten konnte. Vorbereitungsgespräche sind noch lange keine Einweihung. Hier die Grenzen genau abzustecken, bedarf einiger Erfahrung und verlangt ein großes Maß an Einfühlungsvermögen. Ich war zur Überzeugung gelangt, mein Bürge mache sich diese Aufgabe nicht leicht. Würde er bei seiner Aufklärung zu weit gehen, mich etwas wissen lassen, was mein Auffassungsvermögen übersteigt, so würde er damit nur heillose Verwirrung stiften. Würde er mir zu wenig zumuten, mich unterfordern, wäre der Zweck dieser Gespräche gleich null. Was wusste ich denn schon vom Wesen der Maurerei, außer einigen angelesenen Allgemeinplätzen? Und ich wollte hier Abhilfe schaffen: Durch das Lesen von noch mehr Literatur glaubte ich naiverweise das Manko ausgleichen zu können, nicht ahnend, dass das zu noch mehr Verwirrung führen musste, bei mir selbst, aber auch bei meinem Bürgen. Diesem konnte nicht verborgen bleiben, dass bei unseren Gesprächen von mir nun immer öfter angelesenes Wissen aus der Freimaurerliteratur eingebracht wurde. Beruhten unsere Diskussionen in der Vergangenheit auf freien, spontanen Gedanken, so strotzten diese nun meinerseits geradezu von angelesenen Phrasen. Ein Umstand, der nicht zur Harmonie beitrug und meinen Bürgen, der auch kein Freund allzu vielen Lesens war, sichtlich irritierte. Seine Lieblingslektüre waren laut eigener Aussage Kochbücher. Es musste für ihn langsam, aber sicher der Eindruck entstehen: Hier hört mir jemand nicht zu, da er glaubt, bereits alles selbst erkannt zu haben.

Ein Eindruck, der sich im Laufe der Jahre verstärken und in der Folge zu ernsten Spannungen führen sollte, ja unsere Freundschaft manchmal auf eine harte Probe stellte. Mein Freund, der viel beschäftigte, gestresste Architekt war im Grunde seines Wesens nicht mit Engelsgeduld gesegnet. Sein Temperament ging des Öfteren gar heftigst mit ihm durch.

Nach und nach lernte ich immer mehr Freimaurer kennen, auch wenn sie sich mir gegenüber nicht als solche zu erkennen gaben. Meine Beobachtung sagte mir jedoch, dass dunkel gekleidete Männer, die einmal wöchentlich zur selben Uhrzeit ins Beisl strömen, aller Wahrscheinlichkeit nach ein und demselben Club angehören. Offensichtlich kamen sie also von der „Arbeit", wie sie es selbst ausdrückten. Eine Bezeichnung, die mir zunächst etwas übertrieben erschien. Es ergaben sich durchwegs anregende Gespräche, in denen das Wort Freimaurerei jedoch mit keiner Silbe erwähnt wurde. Ungewöhnlich daran war stets die schon beschriebene Art von Harmonie, jenes offene aufeinander zugehen, das ich in dieser Form noch nicht erlebt hatte. Sollte diese Herzlichkeit im Umgang miteinander das Merkmal der maurerischen Gesinnung, der Brüderlichkeit sein, wäre es ein Grund mehr, so einer Vereinigung beizutreten: Nette Menschen waren sie alle!

„Alte" Bekannte erschienen mir plötzlich in einem anderen Licht, nämlich im Lichte der Freimaurerei. Wie etwa jener Notar – von ihm hatte ich all die Jahre unserer Bekanntschaft nicht die geringste Ahnung, dass er Freimaurer sein könnte. Uns verband die Begeisterung für die Oper. Sein ganz spezielles Interesse galt Richard Wagner. Einer jener seltenen Wagnerianer, dessen Opernkenntnisse mich zuweilen geradezu verblüfften. In der Blütezeit unseres Stammbeisls konnte man hier nämlich zu unserer beiden Freude vor allem Opernmusik hören.

In ihm hatte ich außerdem einen ausnehmend amüsanten Gesprächspartner zur Seite. Er war mit ein Grund, dass es mich immer wieder in das Beisl zog. Hatte er doch, was bei Juristen gewiss keine Selbstverständlichkeit ist, eine komödiantische Ader. Allein seine Lokalauftritte, und es waren Auftritte, bleiben mir unvergesslich: Mit großer, theatralischer Geste wurde jäh die Lokaltür aufgerissen und mein Freund erschien, Rock oder Mantel etwas hochgezogen, so als wolle er sein Antlitz verdecken, mit den bedeutungsvoll gesprochenen Worten: »Ich begrüße die Promillenz!«

Er hatte keinen unbeträchtlichen Anteil daran, dass ich bei den Freimaurern landete – in stiller, brüderlicher Übereinstimmung mit meinem Bürgen, der ebenfalls über eine theatralische Neigung verfügte. Betrat mein Bürge das Lokal in der Vorfreude vertraute Gesichter zu sehen, so rief er stets die Worte: »Ihr versteht zu leben!«

Jener Notar war, wie ich später erkennen sollte, nicht nur ein Maurer mit viel Witz, sondern vielmehr noch mit Herz und Verstand. Aber auch er hatte von Zeit zu Zeit Phasen, wo ihn sein Humor zu verlassen schien – zumeist dann, wenn er sich an seine jährliche Schlankheitskur machte, die er mit eiserner Disziplin durchzog. War die Zeit der Selbstkasteiung vorbei, erwachten in ihm die alten Lebensgeister, und er ging hurtig ans Werk, seine während der Kur versäumten kulinarischen Freuden mit doppelter Intensität nachzuholen. Ich hatte dann stets den Eindruck, als hätte mein Freund jetzt nur mehr eines im Sinn: Nämlich die so mühsam abgerungenen Kilos in Rekordzeit wieder „aufzuarbeiten", regelmäßig einmal pro Jahr.

Er verfolgte die Zeit meines Aufnahmeverfahrens in den Bund mit persönlicher Anteilnahme und großem Interesse. Immer wieder gab er mir zu verstehen, dass mein Beitritt zum Bund für ihn ein echtes Bedürfnis bedeute. Er war es auch, der mir in meiner maurerischen Anfangszeit immer wieder Mut zusprach, wenn mich dieser zu verlassen drohte. Selbstverständlich gab es auch in unserer Freundschaft Höhen und Tiefen. Tiefen zumeist dann, wenn ihn meine von manchen oft kolportierte, „Besserwisserei“ nervte. Sein brüderlicher Rat war dann stets: »Nimm dich zurück, mein Freund!«

Als ich zur Zeit meines Aufnahmeverfahrens bei den Freimaurern von den vagen Andeutungen, den unzähligen Sinnbildern und manchmal auch mir unverständlichen Allegorien über Sinn und Zweck des Bundes müde wurde, wandte ich mich vertrauensvoll an meinen Freund. Da ich in ihm einen offenen, geraden Menschen kannte und schätzte, dem Gegenteil eines Geheimniskrämers, erhoffte ich mir von ihm genauere Aufschlüsse über das Wesen des Bundes.

»Du wirkst so abwesend, was ficht dich an«, meinte der Notar bei einer zufälligen Begegnung im Beisl. Ich, der seine Freude nicht verbergen konnte: »Es ist schön dich zu sehen. Wenn du erlaubst, so möchte ich dir heute eine Frage stellen, die ich dir schon längst stellen wollte. Ich hoffe jedoch sehr, dass du mir nicht ebenso ausweichst wie die anderen und mir gerade heraus antwortest!«

»Ja, aber erst nachdem die Frage gestellt ist.«

Ich tat meinem Freund meine Bedenken kund. »Du weißt doch, dass ich in allernächster Zeit den Anruf eines Herrn eures Bundes erwarte, der mit mir ein Informationsgespräch führen will. Ich muss jedoch gestehen, dass mir in Wahrheit immer noch nicht ganz klar ist, was genau Freimaurerei ist. Alles, was ich bisher von euch darüber erfahren konnte, waren Andeutungen, Bilder, Allegorien, jedoch nichts Konkretes, nichts Handfestes. Auch das Lesen hat mich hier nicht entscheidend weitergebracht, so fürchte ich, könnte bereits dieses Erstgespräch in einem Desaster für mich enden. Verstehst du meine Bedenken?«

Er versuchte meine Bedenken zu zerstreuen. »Ich kann dich verstehen. Glaubst du aber, dass gerade du es sein solltest, der bei diesem Erstgespräch seinen Gesprächspartner darüber belehrt, was Freimaurerei ist? Glaubst du wirklich, dass er das von dir überhaupt hören will?«

»Nein, aber wenn er das Gefühl bekommt, einem Ahnungslosen gegenüber zu sitzen, so muss er sich doch zu Recht fragen, was dieser überhaupt beim Bund will. Und diese peinliche Situation möchte ich eben vermeiden, wie du wohl verstehen wirst.«

»Die Frage, was du beim Bund willst, was überhaupt du von der Freimaurerei erwartest, wird er dir ganz gewiss stellen, dessen bin ich mir sicher«, entgegnete mein Freund. »Auch hoffe ich doch, dass du dir diese Frage selbst bereits gestellt und Antworten gefunden hast. Ich bezweifle jedoch, dass dieser von dir eine geisteswissenschaftliche Abhandlung über Freimaurerei erwartet. Also, wo ist das Problem?«

Ich erkannte resignierend, dass auch mein sonst so offener und gesprächiger Freund, der Notar, sich beim Thema Freimaurerei bedeckt hielt, und sich außer ein paar Andeutungen nichts Wesentliches entlocken ließ.

»Was ich bis jetzt über euch weiß, ist nicht viel mehr, als das ihr ein mir ganz lieber Freundeskreis seid. Männer, zu denen ich mich aus einem unbestimmten Gefühl hingezogen fühle. Aber schon beim Versuch, dieses Gefühl näher beschreiben zu wollen, hab ich so meine Probleme. Dies gelingt mir, wenn überhaupt, dann nur sehr vage. Was aber dasjenige ist, dass euch Maurer verbindet, davon hab ich nach wie vor keinen blassen Schimmer, und diese Tatsache macht mich mutlos.«

Mein Freund vielsagend: »Aber ist denn dieses „sich zu jemandem hingezogen fühlen', wie du es nennst, gar nichts? Könnte das zumindest nicht mit ein Grund sein, so einer Vereinigung, wie wir sie eben sind, ernsthaft nähertreten zu wollen?«

»Ja, wenn du glaubst«, meinte ich bereits etwas entnervt, »dass das allein ausreicht, dann werde ich also bei diesem Gespräch mein Interesse an einem Nette-Leute-Club kundtun. Über die Freimaurerei weiß ich zwar nichts, aber soviel weiß ich: Nette Leute sind sie alle.«

Mein Freund, der meinen Sarkasmus nicht überhörte: »Übereile dich nur nicht! Für einen kurzen Moment hast du mich jedoch aufhorchen lassen, hast mich sogar überrascht. Mit dem Nette-Leute-Club ganz sicher nicht, denn das ist zu albern. Übrigens, ist dir aufgefallen dass auch du soeben von etwas gesprochen hast, das du nur sehr vage beschreiben kannst und das nicht konkret mitteilbar ist?«

Ich hatte offenbar, ohne mir aber dessen bewusst zu sein, einen wichtigen Aspekt der Maurerei angesprochen, meinem Freund gegenüber von einem unbestimmten Gefühl gesprochen, das mich zu jenen Menschen hinzieht. Es dürfte jedoch genau dieses „gemeinschaftliche Gefühl sympathisierender Geister" gewesen sein, das ich, wenn auch unbewusst, ihm gegenüber angedeutet habe, und das offenbar die maurerische Gesinnung ausmacht. Nichts anderes wollte dieser aber von mir hören.

Als mein Freund später seinen Wohnort wechselte, bedeutete das auch das jähe Ende unserer Lokalrunde. Nach und nach blieben sie aus, einer nach dem anderen. Erst die tragische Krankheit eines Freundes und Bruders ließ uns alle wieder regelmäßig im Stammbeisl zusammenfinden. Der Notar war es, der die Initiative setzte und dem es gelang, die Lokal-Runde wieder zu vereinen. Auch wenn es keiner aussprach, so ging es uns einzig darum, unseren schwerstkranken Freund die letzten Wochen seines Lebens zu begleiten, das Glas zu erheben, auf ihn anzustoßen und all dies in seiner gewohnten Umgebung, in seinem alten Stammbeisl.

Die Verwirrung des Suchenden

So sollte mein erstes offizielles Gespräch mit einem Freimaurer stattfinden. Es meldete sich eines Morgens am Telefon ein Herr mit angenehmer Stimme: »Sie haben sich um die Aufnahme in einen humanitären Bund beworben. Ich würde mich gerne an einem der nächsten Tage mit Ihnen treffen.«

Das Treffen mit ihm, dem damaligen Stuhlmeister der Loge, der „Grünes Licht" für mein Aufnahmeverfahren geben musste, fand in seinem Büro statt und ging über eine, wenn auch durchaus angenehme Konversation nicht hinaus. Ich hatte es mit einem kultivierten, geistreichen Mann mittleren Alters zu tun, den ich auf Anhieb in mein Herz schloss. Das Thema Freimaurerei wurde bei diesem Erstgespräch jedoch nicht einmal ansatzweise erwähnt. Die einzige Frage, die er diesbezüglich an mich hatte, war: »Weiß Ihre Frau eigentlich von Ihrem Vorhaben, Freimaurer zu werden?« Ich versicherte ihm, dass sie es wüsste und auch einverstanden sei. Das schien ihm zu genügen.

Schon bald folgten weitere Treffen mit ihm in verschiedensten Lokalitäten. Nun ging es für mich endlich auch ans „Eingemachte". Der Mann erschien mir als Inbegriff des sogenannten Esoterikers, aber im guten Sinne. Unsere Gespräche waren von Offenheit und Herzlichkeit geprägt, aber eine gewisse Verwirrung, wie ich sie nun schon gewohnt war, stellte sich dann und wann ein. Der Gedanke, auf dem Prüfstand zu stehen, mich gut präsentieren zu müssen, kam mir jedoch keine Sekunde in den Sinn. Also, wieder ein netter Mensch mehr, durchfuhr es mich.

Ich wurde von meinem Gesprächspartner behutsam an Sinn und Zweck der Maurerei herangeführt: »Eine Methode der Lebensbewältigung, von Menschen für Menschen erdacht«, wie er es nannte. Das schien mir einleuchtend und machte all meinen vorherigen Spekulationen ein jähes Ende. Die Erklärung war vernünftig. Obwohl ich schon einiges an maurerischer Literatur konsumiert hatte, fehlte mir das Maß, um beurteilen zu können, welchen der Autoren ich trauen konnte. Hier war es anders: Es wurde im Gespräch unter gleichwertigen, aneinander interessierten Menschen das Wesen der Maurerei angedacht, mir der Zweck einer durchaus vernünftigen, ja notwendigen Einrichtung nahegebracht, die wohl einzigartig zu sein schien.

Etwas in meinem Inneren geriet in Bewegung, das vieles in meinem Leben in einem anderen Licht erscheinen ließ und auch in Frage stellte. Die Überzeugung, Freimaurer werden zu wollen, nahm immer konkretere Formen an. Es gab bei diesen Gesprächen Momente, die mir gleichsam als Erwachen schienen. Neue Impulse wurden in mir freigesetzt.

Eines Tages eröffnete er, ein Physiker, das Gespräch mit folgenden Worten: »Ich hatte heute einen Termin an einer Hochschule, an der ich einmal wöchentlich unterrichte. Da mir im Anschluss daran bis zu unserem Gespräch noch etwas Zeit blieb, nützte ich diese für einen Friedhofsbesuch. Darüber wollte ich mit Ihnen gern reden. Was fällt Ihnen dazu ein?«

Da er offenbar die großen Gegensätze unseres Lebens angesprochen hatte, ließ meine Antwort auf die Frage auch nicht lange warten: »Zum einen sehe ich hier die Zeit unserer Ausbildung, die Zeit der Hoffnungen, wo wir an den Tod keine Sekunde verschwenden, da wir diesen für uns nicht wirklich zur Kenntnis nehmen wollen. Sterben müssen immer die anderen, jedoch niemals wir selbst. Im anderen, dem Friedhofsbesuch, sehe ich etwas, das uns an unsere Vergänglichkeit erinnern sollte, uns bewusst machen soll, dass dieser Ort letztlich unser aller Ziel ist. Egal, wie erfolgreich wir waren.«

Ein andermal sprach er von einem kürzlich verstorbenen Bruder seiner Loge und wie leid es ihm täte, dass ich diesen nun nicht mehr kennen lernen könnte. Es schien ihn die Frage zu bewegen, wie man diesem Menschen ein Denkmal in den Herzen seiner Brüder errichten könnte.

Meine Gedanken dazu, die ich ihm damals mitteilte, waren folgende: »Es ist nicht die profane Größe und Wichtigkeit eines Menschen, die für uns, die Zurückbleibenden, von Bedeutung ist. Was in unserer Erinnerung erhalten bleibt, sind die eher gering erscheinenden Dinge des Lebens. Das kann ein Blick, ein Lächeln, eine verständnisvolle Geste dieses Menschen sein, also im Grunde genommen die völlig unspektakulären Augenblicke eines Menschenlebens.«

Bei unserem letzten Gespräch, vor meiner Aufnahme in den Bund, richtete er an mich die Frage: »Was erwarten Sie sich eigentlich von den Menschen, die Sie bei uns in Zukunft vielleicht kennen lernen werden?« »Ich hoffe hier auf Menschen zu treffen, mit denen mich einfach mehr verbindet, als bloß oberflächliche Freundschaft. Was ich bisher gesehen und erkannt habe, gibt mir aber allen Grund zu dieser Vermutung! Was ich hier sicher nicht zu finden hoffe, sind Menschen, deren Seichtheit mir in meinem bisherigen Leben bereits zu schaffen macht.« Die Miene des Stuhlmeisters wurde ernst. »Was würden Sie sagen, wenn Sie einige der von Ihnen zuletzt geschilderten Menschen auch bei uns antreffen? Unterliegen Sie bitte nicht der trügerischen Hoffnung, hier nur schöngeistige Menschen und Edelmänner vorzufinden!«

Das war zwar eine Banalität, und dennoch schien sie ihm so wichtig, mich gleich mehrmals in aller Eindringlichkeit auf diesen Umstand aufmerksam zu machen. Es war ihm offenbar ein Bedürfnis, mich vor allzu großen Erwartungen in meine zukünftigen Brüder zu bewahren. So als wollte er mir vermitteln: Die Freimaurerei ist groß, die Freimaurer sind es mitnichten. Er wurde schließlich noch präziser, indem er fast hellseherisch meinte, dass bei mir die unausweichliche Ernüchterung spätestens in etwa einem halben Jahr nach meiner Aufnahme in den Bund eintreten würde. Diese sollte jedoch, wie man bald sehen wird, schon weit früher eintreten. Ich benötigte dazu kein halbes Jahr. Seine letzten Worte dazu: »Ich habe Sie gewarnt!«

Schließlich wurde ich vom Stuhlmeister der Loge informiert, dass ich mich einem Hearing vor einigen Meistern der Loge stellen müsse, die meine Eignung für den Bund nochmals ausloten sollten. Bei einem etwa einstündigen Gespräch hatte ich fünf Herren der Loge gegenüber Rede und Antwort zu stehen. Auch der Stuhlmeister der Loge war zugegen. Er erschien mir jedoch diesmal, ganz entgegen meinen bisherigen Eindrücken, etwas verkrampft, ja, gar ein wenig missmutig, sodass ich seinen strengen Blicken, die nicht gerade aufbauend auf mich wirkten, auswich. Es herrschte auch eindeutig Prüfungscharakter. Man gab sich sehr sachlich, wollte meine Motive kennen lernen, meinen bisherigen Wissensstand ergründen und interessierte sich seltsamerweise auch für die Freimaurer-Literatur, die ich bisher gelesen hatte.

Nun, bei der Literatur hatte ich keinerlei Schwierigkeiten, kannte ich manches davon beinahe auswendig und geriet so keine Sekunde in Verlegenheit. Anders bei meinen Beweggründen: Dazu fiel mir aufgrund meiner Erregung und Irritation nicht viel mehr ein, als die Freude, neue Menschen kennen zu lernen. Das wurde von ihnen offenbar als die Suche nach einem Nette-Leute-Club interpretiert. Ein verhängnisvolles Missverständnis, das mich noch lange Zeit danach verfolgen sollte und das mir im Anschluss sogar das Thema für mein erstes Lehrlingsbaustück (Vortrag) bescheren sollte: »Ich kenne nette Leute«.

Auf meine Definition von „Freimaurerei“ angesprochen, konnte ich offenbar keine befriedigende Antwort geben und der Vorsitzende der Runde versuchte mir etwas auf die Beine zu helfen. »Könnte Freimaurerei nicht vielleicht eine Art von Psychotherapie sein?« Die Frage verblüffte mich, erschien mir fast wie ein schlechter Witz und meine Antwort kam blitzartig: »Ja, aber das würde doch bedeuten, dass ich hier unter lauter psychisch Kranken säße.«

Diese Antwort löste allgemeine Erheiterung aus. Das Eis war gebrochen und ich der Loge zur Aufnahme empfohlen. Die Erkenntnis, die ich daraus zog: Auch Freimaurer haben Humor.

Dieses doch etwas seltsame Hearing erinnerte mich ein wenig an einen tiefsinnigen Dialog aus Lessings Freimaurergesprächen „Ernst und Falk", der die Sache auf den Punkt bringt. Hier versucht der Freimaurer Falk seinem interessierten Freund Ernst zu vermitteln, dass die Aufnahme in den Bund der Freimaurer noch keinerlei Gewähr für maurerisches Wissen ist.

Ernst: »Du bist aufgenommen, du weißt alles.«
Falk: »Andere sind auch aufgenommen und glauben zu wissen.«
Ernst: »Könntest du denn aufgenommen sein, ohne zu wissen, was du weißt?«
Falk: »Leider!«
Ernst: »Wieso?«
Falk: »Weil viele, welche aufnehmen, es selbst nicht wissen; die wenigen aber, die es wissen, es nicht sagen können.«

Wer glaubt, dass es mit einem knapp einstündigen Hearing für mich schon getan war, irrt. So billig geben es die Freimaurer nicht. Dieses Hearing sollte längst nicht das letzte Gespräch sein, das ich mit ihnen zu führen hatte. Drei Informatoren hatten sich noch bei mir zu melden, um mir weiter auf den Zahn zu fühlen, um nur ja jeden Irrtum nach menschlichem Ermessen auszuschließen.

Es meldete sich schon bald ein sehr freundlicher Herr bei mir am Telefon: »Ich wurde gebeten, mit Ihnen ein Gespräch zu führen. Wann und wo könnten wir uns treffen?« Man vereinbarte ein Treffen in einem kleinen Café in der Nähe unserer Wohnungen. Zuletzt hatte aber dieser Herr noch eine Frage an mich: »Jetzt hätte ich fast vergessen, ich habe Sie ja noch nicht gesehen, woran kann ich Sie erkennen?« Da man mich im Freundeskreis des Öfteren scherzhaft Curd Jürgens nannte, antwortete ich: »Sie werden mich sofort erkennen, ich bin so eine Art Curd-Jürgens-Verschnitt!« Die Beschreibung meiner Person war offenbar so exakt, dass besagter Herr bei unserem ersten Treffen, ohne zu zögern, direkt auf mich zusteuerte. Belustigt stellte ich fest: Mein Informator könnte ebenfalls als Curd-Jürgens-Verschnitt gelten. Hier traf also ein Curd-Jürgens-Verschnitt auf den anderen Curd-Jürgens-Verschnitt.

Es handelte sich bei meinem Gesprächspartner um einen herzlichen, humorvollen älteren Herren, und der unbeteiligte Beobachter hätte uns beide ohne weiteres für Vater und Sohn halten können. Also, schon wieder ein netter Mensch mehr! Da dieser Herr ein begeisterter Musikliebhaber und Hobbymusiker war, konnte unser Gespräch – wann hat man denn schon einen richtigen Opernsänger an seiner Seite – kaum an der Musik vorübergehen. Selbstverständlich erzählte ich auch eine Menge Anekdoten aus dem Opernbetrieb und meiner Studienzeit, was ihn sichtlich amüsierte. Während unserer gesamten Unterhaltung ruhten die Augen des alten Herrn mit größtem Wohlwollen auf mir, und es war ihm anzumerken, dass er nur sehr ungern zur Sache kommen wollte, nämlich zur „Prüfung". Gegen Ende unserer Aussprache war es dann doch so weit und mir wurden folgende Prüfungsfragen gestellt: »Sind Sie aggressiv? Haben Sie rassistische Vorurteile? Sind Sie leicht aufbrausend und unduldsam? Sind Sie eher an oberflächlicher Unterhaltung interessiert? Würden Sie sich als krankhaft ehrgeizig bezeichnen?« Ich konnte erkennen: Der Mann hatte einen ganzen Fragenkatalog vor sich liegen, ließ es jedoch bei diesen wenigen Fragen bewenden. Offenbar war ihm dafür die Zeit mit mir zu schade. Selbstverständlich konnte ich all die Fragen guten Gewissens mit „Nein!" beantworten, mein Gesprächspartner dürfte auch gar nichts anderes von mir erwartet haben.

Wir vereinbarten noch ein zweites Treffen, das aber im italienischen Beisl stattfinden sollte, denn mein Informator war äußerst begierig jenes Lokal kennen zu lernen, in dem nach meiner Aussage, so viele Freimaurer verkehrten, und er sollte nicht enttäuscht werden.

Man traf sich also beim Italiener, wählte einen Platz in der letzten Ecke des Lokals, wo man ungestört reden und essen konnte, unbehelligt von anderen Gästen, aber auch ungestört von Freimaurern. Dieses Mal war ich der Fragende und wurde von meinem Gesprächspartner nahezu über alles mir wissenswert Erscheinende geduldig und liebevoll aufgeklärt: über die Geschichte der Maurerei, über ihren Zweck und ihre Ziele, über große Freimaurer-Persönlichkeiten der Vergangenheit – über vieles also, nur nicht über jenes große, oftmals zitierte „Geheimnis", denn diesbezüglich hielt sich mein Gegenüber bedeckt.

Die Zeit verging wie im Flug, und ich bemerkte, dass mein Gesprächspartner unruhig wurde, er es offensichtlich kaum mehr erwarten konnte, auch den anderen Teil des Lokals kennen zu lernen. Jenen Teil nämlich, der laut meiner Aussage so zahlreich von Freimaurern frequentiert würde. Dem Manne konnte geholfen werden: Man brach auf, um die Bar aufzusuchen und bei einem Glas Rotwein wieder zu profaneren Themen zurückzukehren. Mein Informator konnte sich jedoch vor altbekannten Gesichtern, überschwänglichen Begrüßungen und Umarmungen kaum erwehren. Kaum jemand im Lokal, den er nicht schon von irgendwoher zu kennen schien: den Notar, den Architekten, den Maler, den Zahnarzt und einige der netten Leute mehr.

Freimaurern eilt der Ruf voraus, sich mit einem Geheimnis zu umgeben. Ich hatte nun Gelegenheit, dies am eigenen Leib zu erfahren und zu erdulden. Meine Erwartungshaltung wurde bis an den Rand der Leidensfähigkeit strapaziert. Was ich in meinem Aufnahmeverfahren zu tun hatte, war getan, es blieb mir nun nichts anderes übrig, als geduldig zu warten. Dies ist jedoch leichter gesagt als getan, auch war Geduld noch nie meine Stärke. Wann immer ich den zaghaften Versuch wagte, Näheres von ihnen zu erfahren, etwa wie es denn um meine Aufnahme stünde, begegnete ich geheimnisvollen, undurchdringlichen Mienen. Niemals auch nur die versteckte Andeutung oder der leiseste Wink. Nein, hartnäckiges, eisernes Schweigen. »Wenn sie mich nicht wollen, dann sollen sie es gefälligst sagen, auch wollte ich ja eigentlich ohnehin bald nichts mehr von ihnen wissen«, tröstete ich mich mit finsteren Gedanken.

Über die endgültige Aufnahme eines Suchenden hat die Loge in einer geheimen Abstimmung, der so genannten Ballotage (Kugelung) zu entscheiden. Drei negative Stimmen sind bereits ausreichend und verpflichten, einem Kandidaten die Aufnahme in den Bund der Freimaurer zu verwehren. All das wusste ich und sah darin für mich keine allzu rosige Aussicht: Was, wenn sich einer von denen irrt, wenn er die Kugeln vertauscht? Wenn er statt weiß, schwarz wirft? Oder wenn er sich überhaupt nicht irrt, mich aber ganz einfach nur nicht dabei haben will? Wenn er vielleicht auf meinen Bürgen nicht gut zu sprechen ist und so die einmalige Gelegenheit hätte, sich durch meine Ablehnung an ihm zu rächen? Auch Freimaurer sind Menschen und nicht immer die besten. Wie oft hatte man mich gewarnt? Auf was für eine unsichere Sache habe ich mich da nur eingelassen? Nette Leute hin und her, was habe ich denn von ihren schönen Reden? War das die Zeit und Mühe wert? Die vielen, stundenlangen, hochkonzentrierten Gespräche, um am Ende sagen zu müssen: »Alles versungen und vertan«.

Schließlich war es so weit, der Tag der Kugelung gekommen. Man gab mir den Wink, mich spät abends im Beisl einzufinden. Ich kam der Aufforderung nur äußerst ungern nach, auch sollte das meine Stimmung in keinster Weise heben. In Gedanken versunken, mit Blick zur Tür, harrte ich der Dinge, die jetzt auf mich zukommen sollten. Dann endlich: Die Tür öffnete sich und nach und nach tröpfelten sie herein, einer nach dem anderen, mit ernster und geheimnisvoller Miene. Wie ich dessen schon überdrüssig war! Sie kamen, mich gerade eines flüchtigen Blickes würdigend, und stellten sich weit abseits an die Theke. Dunkel gekleidete Männer mit besorgten Mienen. Ein Gefühl der Erleichterung machte sich in mir breit und mir wurde jäh bewusst, zu welch kindlicher Erwartungshaltung ich mich die letzte Zeit hatte hinreißen lassen. Diese Geheimnistuerei, dieses Spielen mit meinen Hoffnungen, Ängsten und Gefühlen, dieses ewige Frage-und-Antwort-Spiel, um letztlich die Antwort stets schuldig zu bleiben. Was sollte das alles? Ich hatte bis jetzt gut gelebt, ohne Freimaurer zu sein, und werde das auch in Zukunft tun. Mein Freund, der Notar, schien meine Gedanken erraten zu haben. Unbemerkt von den anderen hob er, mir zulächelnd, seinen rechten Daumen, als Zeichen des OK, um sich sogleich mit ernster Miene seinen Logenbrüdern zuzuwenden.

Ein paar Tage später kam ein „blauer Brief" des Logenmeisters, um mich von meiner bevorstehenden Rezeption zu informieren und mich zu bitten, mir dafür nach Möglichkeit den ganzen Tag freizuhalten. Na also, warum nicht gleich, wozu die wochenlange Geheimniskrämerei? Selbstverständlich löste der Brief in mir Erleichterung aus. Es fiel mir der sprichwörtliche Stein vom Herzen und nach menschlichem Ermessen konnte jetzt nichts mehr passieren – oder doch? Was ist, wenn ich plötzlich erkranken sollte? Würde man wegen mir die Rezeption verschieben?

Am Vorabend meiner Aufnahme traf ich nochmals meinen Bürgen im Stammlokal, um letzte Formalitäten bezüglich der Rezeption zu besprechen. Er war in Begleitung eines netten, aber mir unbekannten Herrn. Wie soll ich im Beisein eines Unbeteiligten Details bezüglich meiner Aufnahme besprechen, durchfuhr es mich. Was hatte sich mein Bürge dabei gedacht? Ich richtete schließlich an meinen Bürgen, die wie mir schien, unverfängliche Frage: »Um wie viel Uhr soll ich im ersten Bezirk sein?« »So etwa um 16 Uhr!« Die Antwort kam von dem unbekannten Herrn.

Die Einweihung

Und jedem Anfang wohnt ein Zauber inne,
der uns beschützt und der uns hilft zu leben ...
Hermann Hesse

Die Aufnahme in den Bund ist das wohl unvergesslichste und berührendste Erlebnis im Leben des Freimaurers. Jeder Suchende wird sie auf seine ganz individuelle Weise erleben. Persönliche Erlebnisfähigkeit und Sensibilität entscheiden letztlich, wie tief und nachhaltig der Eindruck auf das weitere Maurerleben bestimmend bleibt!

Der Tag begann mit einem vormittägigen Friedhofsbesuch. Gemeinsam mit meinem Bürgen und dem Notar, dessen ausdrücklicher Wunsch es war, mich zu begleiten, besuchte man das Grab eines Freimaurers. Es war ein später Vormittag im Februar, die Gräber zum Teil noch verschneit und die Wege vereist. Wir legten schweigend drei größere Rundgänge auf dem Friedhof zurück und hielten dreimal am Grab des verstorbenen Bruders inne. Mittelpunkt der drei „Wanderungen" waren die großen Fragen unseres Lebens, die mich auch in Zukunft nicht loslassen sollten: Wer sind wir? Woher kommen wir? Wohin gehen wir?

Fragen, die nicht nur den Maurer, sondern die gesamte Menschheit seit Jahrtausenden schon bewegten. Viel Kluges und Überzeugendes ist darüber geschrieben, Dogmen sind errichtet und Millionen Menschen im Streit um diese Fragen verfolgt und getötet worden. Das große Geheimnis vom Leben: Religionen und Wissenschaften, alles menschliche Denken schlechthin, musste letztlich vor diesem Geheimnis kapitulieren. Wehe dem, der in Selbstüberschätzung seines Intellekts glaubt, die Antworten zu kennen, das Geheimnis etwa durchdringen, es gar entschleiern und darauf Glaubenssätze errichten zu wollen. Er würde durch die Macht des Geheimnisses im Kreis herumgeführt, wäre ein Narr, wenn er glaubte, jemals Wissender des Geheimnisses zu sein. Dazu Worte eines verstorbenen Freimaurers: »Licht, ich habe dich gesucht, habe dich geahnt, finden werde ich dich erst am Ende meiner Tage.«

Hat der verstorbene Bruder wohl jemals die Antwort gefunden? Am Grab eines Freimaurers wurde ich so mit dem Geheimnis des Lebens konfrontiert, das weder erkennbar, in Worte fassbar, aber vielleicht eines Tages für mich erahnbar sein wird. Auf alles war ich zwar gefasst, nur nicht, dass jener Neuanfang, die symbolische Neugeburt, mit Gedanken an meine Vergänglichkeit beginnen sollte.

Der Friedhofsbesuch, der mich in unsagbarer Weise bewegte, sollte dann bestimmend für meinen weiteren Tagesverlauf werden. Ich war innerlich berührt, betäubt und verwirrt und nahm alle nachfolgenden Ereignisse gleichsam durch einen Schleier wahr. Es geschah mit mir und ich ließ es geschehen, so meine damalige Empfindung: sich hinzugeben, zu öffnen und das Neue auf sich einwirken zu lassen.

16 Uhr desselben Tages, erster Wiener Gemeindebezirk: Überraschend traf ich am vorher vereinbarten Platz, unweit des Logenhauses, auf einen zweiten Herrn im Smoking. Man musterte sich etwas verlegen, ohne sich jedoch anzusprechen. Dies konnte kein Zufall sein, schloss ich scharfsinnig. Wir beide hatten uns hier einzufinden, um von einem Bruder der Loge abgeholt zu werden. Hier war jede Verwechslung ausgeschlossen, denn wer sonst steht schon an einem Samstagnachmittag im Smoking, „wie bestellt und nicht abgeholt“ in der Kärntner Straße? Endlich erschien ein Mann, der uns diskret bat, ihm unauffällig zu folgen. Welch ein Zufall: Es war genau jener nette Kerl, den ich am Vorabend in besagtem Stammbeisl kennen gelernt hatte.

Er führte uns, die beiden Suchenden, ins Logenhaus, um uns dort mit einigen beruhigenden Worten auf das kommende Ereignis vorzubereiten und uns letztlich unserem Schicksal zu überlassen.

In der „Dunklen Kammer“ kam ich schließlich das erste Mal in meinem Leben mit der maurerischen Symbolik in Berührung. Symbole, die einem die Vergänglichkeit allen Lebens wieder in Erinnerung rufen sollten, wie etwa die Sanduhr. Im Hintergrund war leise Musik zu hören und eine seltsame Stimmung, die ich auch später nicht beschreiben konnte, überkam mich. Die Stille wurde jäh durch die Stimme des „Vorbereitenden Meisters“ unterbrochen. Hier war jedoch etwas, das in mir Befremden auslöste, auf mich irritierend wirkte. Wie mag das wohl auf den anderen, meinen zukünftigen „Bruder“ gewirkt haben, hatte er ähnliche Gedanken? Seltsamerweise habe ich ihn auch später niemals darauf angesprochen.

Bei der schriftlichen Beantwortung der drei üblichen Fragen hatte ich ein flaues Gefühl im Magen: Was ist, wenn meine Antworten nicht überzeugend sind? Wenn die sich im letzten Augenblick doch noch anders entschließen? Wenn sie meine Aufnahme einfach abblasen? Freimaurer sind unberechenbar. Kurioserweise hatte man auch noch unsere beiden Fragebögen vertauscht, was meinem zukünftigen „Bruder“ gerade noch rechtzeitig auffiel. »Ich glaube, Sie füllen gerade meinen Fragebogen aus«, so dessen schüchterner Protest.

Schließlich war es so weit, ein auf mich seltsam wirkender Herr, der „Dienende Bruder“, betrat mit stoischer Miene den Raum und verband mir wortlos die Augen. Er tat es routiniert und ohne einen Anflug von Gefühlsregung. Hatte man nicht den Delinquenten kurz vor ihrer Hinrichtung ebenfalls die Augen verbunden, schoss es mir durch den Kopf, um diesen albernen Gedanken sofort wieder zu verdrängen. Der plötzliche Verlust meines Sehvermögens, auf den ich nicht gefasst war, trug nicht gerade zu meiner Entspannung bei. Auf meinen Schultern konnte ich jedoch zwei Hände spüren und eine mir vertraute Stimme sagte: »Sei ganz ruhig, es bin nur ich.« Ich erkannte die Stimme meines Informators, mit dem ich bereits zwei Treffen in durchaus amikaler Atmosphäre hatte. Das machte mich zuversichtlich: Jetzt konnte eigentlich nichts mehr passieren. Später erfuhr ich, dass es dessen ausdrücklicher Wunsch war, mich auf meinen „Reisen" zu führen. Das Geführtwerden von der sicheren Hand eines vertrauten Menschen hat enorme symbolische Bedeutung – betritt man hier doch im wahrsten Sinn des Wortes Neuland, bewegt sich mit unsicheren Schritten und zittrigen Knien auf unbekanntem Terrain. Der Schweiß trat mir, so fühlte ich wenigstens mit einigem Unbehagen, aus allen Poren.

Zum ersten Mal glaubte ich zu ahnen und zu fühlen, was Freimaurerei wirklich ist. Es waren weniger die Worte der „Hammerführenden" (das Ritual leitende Personen), die mich so tief berührten, nein, es war etwas ganz anderes, das mich bewegte. Etwas, das unausgesprochen im Raum stand und von mir Besitz ergriff: das Gefühl eines Neubeginns, Erwartungen und Hoffnungen, die ich dabei hatte, mein grenzenloses Vertrauen in das Unbekannte. Ich konnte mich an kein Ereignis in der Vergangenheit erinnern, das in mir nur annähernd vergleichbare Gefühle auslöste. Ich war damals aber längst kein Jüngling mehr und hatte schon einiges erlebt, Schönes und weniger Schönes.

Es ist jedoch jeder Neubeginn, jede Lebensstufe auch mit Abschied verbunden – ein Abschied, der auch schmerzhaft ist. Doch daran dachte ich nicht, an diese Möglichkeit verschwendete ich keine Sekunde. Ich vertraute meinen Empfindungen und tat gut daran, denn dadurch wurde mir jäh eine neue Dimension meiner selbst bewusst. Da ich durch die Binde vor meinen Augen am Sehen gehindert war, spiegelten sich hörbare Erlebnisse umso deutlicher in meinem Inneren wider. Ich war gezwungen, nicht aus mir heraus, sondern in mich hinein zu sehen: alles was ich dabei empfand, ich von außen wahrzunehmen glaubte, obwohl ich es nicht erkennen konnte, war das Besondere, Neue und Ungewöhnliche. Nicht die lauten, vernehmbaren Stimmen, die sich an mich richteten, nein, die Nähe der Menschen um mich herum, die ich so deutlich fühlen konnte, machte mein eigentliches Erlebnis aus.

Die Pflichten und Mahnungen, die man uns, den Suchenden auf unseren Reisen ans Herz legte, müssen für jeden gutgesinnten Menschen vernünftig erscheinen. Sie lassen erkennen, was mit der maurerischen Gesinnung gemeint ist. Reisen, die die Arbeit des Menschen an sich selbst ausdrücken sollen und an deren Ziel letztlich die Selbstveredelung des Menschen steht. Eine Arbeit, die im eigentlichen Sinn nie vollendet sein kann. Tugenden wie Weisheit, Stärke und Schönheit werden wohl niemals unser Besitz sein, man kann sie bestenfalls anstreben, sich um sie täglich aufs Neue bemühen. Erste Zweifel überkamen mich. Hatte ich doch bei meinen Beweggründen so meine Bedenken: War hier nicht Neugierde mit im Spiel? Oder gar Eitelkeit?

Als ich anlässlich des Gelöbnisses die scharfe Spitze des Zirkels an meiner Brust spürte, war das ein berührender Moment – die wahre Bedeutung dieser Handlung wurde mir jedoch erst viel später bewusst: Hier wurde angedeutet, dass der Mensch zu aller erst im Herzen zum Freimaurer wird und eindringlichst an unser Gewissen und Mitgefühl appelliert. Es kann uns nicht von außen verordnet werden, alle Menschen in gleichem Ausmaß zu lieben. Niemand außer uns selbst kann den Kreis bestimmen, den er bereit ist, ins Herz zu schließen. Durch diese symbolische Handlung trat für mich der Humanitätsgedanke in aller Eindringlichkeit ans Licht. Etwas, das den Menschen in seinem Innersten treffen und ihn zur Besinnung seiner selbst anregen soll, kann niemals durch Worte, Ermahnungen und Gebote erreicht werden. Die so herbeigeführte Gesinnungsänderung wäre oberflächlich und flüchtig, würde keine nachhaltige Läuterung bewirken. Das Innerste bliebe davon unberührt!

Die Arbeit an sich selbst muss daher anderswo ansetzen, muss tiefer gehen, als Worte es vermögen. Die Gesinnung macht den Menschen, nicht die Gesellschaft in der er sich bewegt. Ist sie vorhanden, formt sich die Gesellschaft von selbst! Ich empfand es schließlich als Segen, wenn sich wenigstens einige solch höherer Aufgaben annehmen: Sich durch die maurerischen Werkzeuge selbst zu formen und formen zu lassen.

Unvergesslich blieb für mich der Augenblick, als man uns, den Suchenden, das „Große Licht" erteilte, uns die Binde von den Augen nahm, und wir uns in einem Kreis von Männern wiederfanden, die ab jetzt unsere Brüder waren und in einer feierlichen Kette verbunden standen. Obwohl ich gewiss nicht jener Sorte Mensch angehöre, die nahe am Wasser bauen, fühlte ich dennoch, dass meine Augen feucht wurden. Ich unternahm keinen Versuch dagegen anzukämpfen.

Wann immer ich in der Folge Rezeptionen besuchte, wurde ich stets aufs Neue von diesem Augenblick überwältigt. Ich machte die Erfahrung, dass jedes Einweihungsritual, und es sollten deren mehrere folgen, einen ganz besonderen Höhepunkt hat: eine symbolische Handlung, bei der ich stets das Gefühl eines Erwachens hatte. Eine neue Erkenntnis schoss mir jäh ein, die es jedoch im Nachhinein zu verstehen galt. Dieses spontane Erleben ist das „Geheimnis" des Freimaurers, da es wahrhaftig nicht mitteilbar ist, zumindest nicht in seiner ganzen, individuellen Dimension.

Erst viel später begann ich zu ahnen, was der wirkliche Sinn, die esoterische Aussagekraft hinter der symbolischen Blindheit, die man uns fühlen ließ, sein könnte: Warum verband man uns die Augen? Was wollte man uns hier andeuten? Was ist der tiefe Sinn dahinter? Vielleicht um uns zu zeigen, dass der Mensch sein Glück machen könnte, würde er es nur sehen, es erkennen? Viele von uns sind jedoch nicht in der Lage, es zu erkennen, ist ihr Augenmerk doch stets auf das Negative, Lebensverneinende gerichtet. Blind gegenüber den wesentlichen, wahren und schönen Dingen des Lebens, wenden sie einen großen Teil ihrer Zeit für Destruktives auf, ohne es selbst zu bemerken. Es scheint wohl in der Natur des Menschen zu liegen, dass er erst durch Verluste und Niederlagen begreift, was Glückseligkeit ist. Erst wenn einen tiefstes Dunkel umgibt, ist man offenbar in der Lage, das Licht wahrzunehmen. Vielleicht wirklich erst an der Schwelle des Todes, wie jener verstorbene Bruder es empfand?

Was bei eisiger Kälte auf einem Friedhof begonnen und seinen Höhepunkt in der Erteilung des „Großen Lichtes“ hatte, war Anlass für mich, die nächste Zeit sehr nachdenklich zu werden und mein bisheriges Leben mit anderen Augen zu betrachten.

Dieser besinnliche, wenn auch aufrüttelnde Akt der Einweihung sollte dann beim großen Festessen an der „Weißen Tafel“, – uns, den neu aufgenommen jungen Brüdern zu Ehren – einen weiteren Höhepunkt finden. Man aß, trank, hielt nicht enden wollende Trinkreden und war bester Laune. Um unsere Bedeutung – wir waren ja nun der symbolische Grundstein am Bau der Humanität – noch mehr hervorzuheben, wies man uns den Platz vis-à-vis vom Großmeister und dem Meister der Loge zu. Wir beide waren der Mittelpunkt des Abends und genossen dies nun, da auch entspannter, immer mehr.

Ein wenig überfordert war ich allerdings, als Brüder sich bemüßigt fühlten, mir schon an diesem Abend die ganze Maurerei erklären zu wollen, dass es ihnen ein Bedürfnis war, der bereits im Tempel stattgefundenen Instruktion noch eine weitere nachfolgen zu lassen. Meine Aufnahmebereitschaft war jedoch durch die Erlebnisse des Tages zur Gänze erschöpft. Die neuen Eindrücke waren einfach zu groß. Am Höhepunkt eines tiefen Gefühles ist man stumm. Worte stellen sich erst viel später ein, wenn man nämlich beginnt, über das Erlebte nachzusinnen.

Ein langjähriger Freund, der die Situation erkannte, erbarmte sich meiner mit den Worten: »Nimm dein Glas Wein, lehn dich zurück und entspann dich!« Und dieser Aufforderung kam ich dann auch gern nach. Der Abend endete in besinnlicher und entspannter Stimmung zu schon früher Morgenstunde.

Es war mir erst lange Zeit danach möglich, diese gewaltigen Eindrücke einigermaßen verarbeiten zu können, schließlich auch meine Beweggründe, die mich zur Maurerei führten, einer neuerlichen Prüfung zu unterziehen. Ich wusste, je eher ich den tiefen Sinn des Erlebten, die Wirklichkeit, die sich hinter Ritual und Symbol verbirgt, erkennen könnte, je eher würde die eigentliche Einweihung in mir passieren, der Mensch sich zu dem wandeln, was er von seinem innersten Wesenskern ja wirklich ist!

Auch Freimaurer sind Menschen

Da Gefühle und Euphorie, die sich bis zu meiner Aufnahme in den Bund enorm steigerten, klarerweise nicht grenzenlos sein können, fand auch ich sehr bald wieder zurück auf den Boden der Realität. Besser gesagt, auf den Boden der maurerischen Realität. Denn maurerisches Ideal und maurerische Realität sind nicht immer identisch. Ja, manchmal scheinen sie einander sogar konträr zu sein. Das Ideal lässt sich nicht einmal erahnen. Menschen, die mir zuvor idealisiert erschienen, entpuppten sich nach und nach als ganz gewöhnliche Menschen. Erste Ernüchterung machte sich in mir breit: War das schon alles? Sind Freimaurer, wenn zwar nette, so doch auch nur ganz stinknormale Menschen?

Zur masonischen Arbeit gehört auch der Vortrag eines Bruders, der im Anschluss zur eigentlichen Logenarbeit an der „Weißen Tafel" (Brudermahl) diskutiert wird. Da ich, der Neuling im Bund noch nicht an Betriebsblindheit zu leiden glaubte und durch den reichlichen Konsum einschlägiger Literatur ohnehin alles besser zu wissen meinte, war ich stets versucht, in diese Gespräche regulierend einzugreifen und den etwas zu fein geschliffenen, allzu glatten Ausführungen der älteren Brüder ein wenig vom eigenen, noch unverdorbenen Esprit beizumengen; also Leben in die Bude zu bringen. Jedoch man ließ mich nicht. Man verordnete mir, wie allen anderen Neulingen übrigens auch, für die ersten Arbeiten ein Schweigegebot. Wollte man mich etwa zum angepassten Opportunisten umformen? Meine Individualität abtöten?

Meine Bedenken sollten sich jedoch als voreilig herausstellen. Der Lehrling ist dazu angehalten, an seinem eigenen „Rauen Stein" zu arbeiten, sprich: seine Unebenheiten und Kanten abzuschleifen. Was aber nicht mit Gleichmacherei zu verwechseln ist. Ganz im Gegenteil, die Freimaurer sollten ihre Individualität unter allen Umständen beibehalten, ja noch verfeinern. Ein geistig gleichgeschalteter, ängstlich angepasster Haufen von Opportunisten ohne

Selbstbewusstsein, würde den Grundsätzen der Freimaurerei zuwiderlaufen. Freiheit, Selbstwertgefühl und bunte Vielfalt machen das Wesen der Freimaurerei aus und niemals der geistige Einheitsbrei – gerade an bunter Vielfalt, wie man sehen wird, sollte es bei den Freimaurern jedoch nicht fehlen.

Es bereitete mir ein geradezu diebisches Vergnügen, meine neuen Brüder zu beobachten, dann und wann liebevoll zu parodieren, deren maurerische Beweggründe zu erforschen und sie dann letztlich gar in Kategorien einzuordnen. Immer wieder kam bei mir der Drang durch, mich den „Steinen" der anderen zu widmen. Hier entging auch gar nichts meiner scharfen, unbestechlichen Beobachtungsgabe, hier ging ich stets penibel ans Werk.

Ich ordnete meine Brüder zunächst einmal grob in zwei Kategorien ein: jene Brüder, die mit hochtrabenden, blumigen Worten über die maurerischen Ideale referierten und diejenigen, die diese Ideale in aller Stille lebten. Schließlich unterteilte ich sie nach deren maurerischen Motiven und sonstigen Neigungen. Wie ich schon sehr früh erkannt hatte, gibt es unter den Brüdern ja wirklich die verschiedensten Motivationen, sich dem Bund anzuschließen. Da es sich bei Freimaurern nur um ganz normale Menschen und keine Übermenschen handelt, war dies auch nicht anders zu erwarten.

Es gab hier, wie überall anders auch, den Typ Vereinsmeier – geschäftiger Adabei –, für den es einfach ein Muss, ja eine gesellschaftliche Notwendigkeit darstellt, in so vielen Vereinigungen wie nur möglich Mitglied zu sein. Hier durfte es natürlich am elitären Bund der Freimaurer nicht fehlen. Dabei sein ist alles, Sinn und Zweck ist zweitrangig. Mit Ritual und Symbolik hat er nach meiner Meinung so gut wie nichts am Hut und hält sie für ein vernachlässigbares, lästiges Überbleibsel aus längst vergangenen Zeiten. Eine Pflichtübung, die man halt zu leisten hat, um sich sodann wieder den wichtigeren, profanen Dingen zuzuwenden.

Etwas anders verhält es sich mit dem Geselligkeitsmaurer. Wie schon der Name erraten lässt, sucht dieser schlicht und einfach hier wie auch anderswo die Gesellschaft von netten, lieben Leuten. Im Ritual sieht er eine Art von Laientheater mit verteilten Rollen, ohne es jedoch missen zu wollen. An der anschließenden Diskussion unter Brüdern findet er jedoch selten Gefallen, da sie für seine Begriffe meist zu langatmig und er selbst in seinen Gedanken bereits weit voraus ist, nämlich beim anschließenden Lokalbesuch im Kreise ausgewählter Brüder. Hier, so scheint es, beginnt für ihn die eigentliche Arbeit, die geistige Vertiefung im kleinen Kreis. Oder eben das, was er darunter versteht. Ich gestehe, bei dieser Beschreibung ein wenig an mich selbst gedacht zu haben!

Eine besondere Spezies ist jedoch der ein Netzwerk Suchende. Für überflüssige Dinge hat er keine Zeit und Muße und kommt, wie überall in seinem Leben, auch hier stets zur Sache. Mit dieser Spezies hatte ich aus verständlichen Gründen wenig Kontakt. Wie sollte ich, der Sänger, ihm denn hier dienlich sein?

Gar nicht so wenige der Brüder sehen, aus meiner Sicht, in der Freimaurerei eine besondere Methode von Psychotherapie, was sich dann aus dem Inhalt ihrer Baustücke (Vorträge) und Wortmeldungen zumeist auch klar erkennen lässt. Verwechseln die etwa die Loge mit der Couch von Sigmund Freud?

Manche finden Gefallen am Freundschaftsbund, und sie sind für mich gewiss nicht die übelsten meiner Brüder. Denn selbstverständlich ist der Freimaurerbund ein Freundschaftsbund und soll es auch immer bleiben. Zumeist sind es gerade sie, die sich durch eine außerordentliche, selbstlose Hilfsbereitschaft auszeichnen. Und diese Einstellung scheint auch für ihr übriges Leben zu gelten.

Mit den Mystikern und Magiern hatte ich jedoch so meine Probleme. Besonders dann, wenn sie den Versuch unternahmen, missionierend auf mich einwirken zu wollen und mich Dinge erkennen lassen wollten, dergleichen ich in der Natur nicht vorfinden konnte. Dinge, die meiner Vernunft zuwider liefen.

Nun zu jenen Brüdern, die in der Maurerei eine Art Bildungsanstalt für Erwachsene sehen, was sie zweifelsohne auch ist. Man muss sich dann jedoch im Klaren sein, welche Art von Bildung es nur sein kann, die man in diesem Kreis erwarten und einbringen könnte. Es sollte kein für den Laien unverständliches Fachwissen sein, welches eben nur für den einschlägig Vorgebildeten verständlich ist. Trotzdem hatte ich den Eindruck, dass immer wieder viele der Brüder dazu neigten, andere mit ihrem schwer verdaulichen Spezialwissen zu überfordern. Offensichtlich verwechselten diese die Loge mit einer Volkshochschule. Hoch gebildete, einfühlsame Menschen merken zumeist jedoch sehr genau, was von ihrem Wissen sie ihren nicht vorgebildeten Zuhörern zumuten können und was nicht. Sie machen sich mit ihrem Wissen selten wichtig und verspüren keinerlei Drang, sich über andere zu stellen. Bei ihren Beiträgen steht daher stets der Mensch im Zentrum ihres Interesses. Es sollte sich bei solchen Beiträgen nach meiner Meinung aber schon gar nicht um ein flüchtig angelesenes Halbwissen, von dem der Vortragende zumeist selbst keine rechte Ahnung hat, handeln. Ein Vortrag über Tiefenpsychologie, gehalten etwa von einem Versicherungsmakler, war für mich entbehrlich.

Nicht zuletzt sei dann noch der Esoteriker genannt. Hier dachte ich vorrangig an meinen Stuhlmeister. Viele sahen in ihm den wahren Leistungsträger der Loge. Ich teilte diese Ansicht ebenfalls. In späteren Jahren wurde er auch mit der Vorbereitung, nämlich der Einschulung junger Brüder betraut. Für ihn lag der Wert maurerischen Arbeitens vorrangig in der geistigen Befassung mit Symbolik und Ritual, darüber hinaus aber in ihrem Nutzen für den Menschen, ja die Menschheit schlechthin. Diese Einstellung erwartete er wie selbstverständlich auch von seinen Brüdern. Er zeichnete sich durch einen scharfen, unbestechlichen Intellekt, gepaart mit einem großen Maß an menschlichem Tiefgang aus. Bezeichnend für die Qualität seiner Vorbereitungen war, dass hier nichts der Vernunft widersprach und nichts der bloßen Einbildungskraft oder dem blinden Glauben der jungen Brüder überlassen wurde. Von den großen Heilsbringern der Menschheit hielt er nur wenig. Im „Stein der Weisen" erblickte er die Kraft seines Geistes. Da er an sich selbst und andere höchste Ansprüche stellte und an seichter Unterhaltung nur wenig Gefallen fand, war der Kreis, den er um sich bildete, auch entsprechend klein und exklusiv.

Der Typ Freimaurer, der mich jedoch am meisten amüsierte, ja mich förmlich belustigte, war derjenige, der sich nicht so leicht mit Worten definieren lässt. Im Alltag würde man diesen wahrscheinlich als „Puppenspieler" bezeichnen. Für ihn ist der unwiderstehliche Drang typisch: andauernd etwas bewegen zu müssen, ständig in der Loge umzurühren und die Brüder mit geplanten Ämterrochaden und Horrorszenarien in Atem zu halten. Kaum ist ein neuer Stuhlmeister gewählt und einige Zeit im Amt, denkt jener Typ Freimaurer bereits im vertrauten Kreis einiger weniger Brüder, mehr oder weniger laut darüber nach, diesen wieder aus seinem Amt zu schießen. Lohnerhöhungen würde er am liebsten abschaffen und die Maurerschurze den Brüdern per Nachnahme zusenden, da sie so wenigstens durch den Weg zum Postamt etwas dafür zu leisten hätten.

Eines Abends beim Italiener wurde ich Zeuge eines Gespräches zweier Brüder. Es handelte sich um ein sogenanntes Meistergespräch, an dem ich, der Lehrling klarerweise nicht teilhaben konnte. Da die beiden Brüder schon einige Gläser Bier und Wein intus hatten, bedeutete Verschwiegenheit für sie nur mehr eine theoretische Angelegenheit, denn ich konnte fast jedes Wort der beiden verstehen:

Es war ein äußerst konspiratives Gespräch. Die beiden planten von langer Hand eine Strategie, die eine Änderung der geistigen Richtung der Loge bewirken sollte, ja vielleicht sogar die Umbesetzung wichtiger Logen-Ämter.

»Wenn wir in diesem Stil weitermachen, dann weiß in ein paar Jahren kein Bruder unserer Loge mehr, wie man FM schreibt, wir verkommen immer mehr zu einem Briefmarkensammlerverein«, meinte der eine. Darauf der andere, offenbar auf mich gemünzt: »Oder was noch schlimmer ist, zu einem Nette-Leute-Club! Es wäre überhaupt das Beste, wir würden die Schurze den Brüdern mit der Post nachsenden und auf Lohnerhöhungen in Zukunft verzichten!«

Ersterer bemerkte dann, in Anlehnung an Lessings „Ernst und Falk“: »Ist es denn ein Wunder, dass wir bei der Aufnahme neuer Suchender so oft daneben greifen? Was erwartet man denn, wenn es sich bei unseren „Prüfern“ selbst um lauter Ahnungslose handelt?«

Dann gedachten die beiden ein wenig wehmütig vergangener Zeiten, als alles anders war, als man Neuaufgenommene noch ernsthaft schulte, ihnen regelmäßig auf den Zahn fühlte. Als Lohnerhöhungen noch keine Selbstverständlichkeit waren, man die Brüder nicht automatisch im Jahresrhythmus, ungeachtet ihrer maurerischen Reife, in den nächsten Grad beförderte.

Ich fragte mich, ob diese beiden Kritiker, mit ihren strengen Kriterien sich selbst aufgenommen, befördert und erhoben hätten? Als ich zur Toilette musste, kam ich nicht umhin, dicht an ihnen vorbeizugehen, worauf einer der beiden zu mir bemerkte: »Es tut mir leid mein Lieber, aber wir führen gerade ein Meistergespräch!«

Wenn das ein Meistergespräch war, hatte ich es mit dem Meistergrad nicht so eilig.

Bei der Beschreibung von Freimaurern darf der Typ „Geheimnisschnüffler“ nicht fehlen. Er hat die Gabe, an allen möglichen aber auch unmöglichen Orten, für andere, weniger Begnadete nicht erkennbare Mysterien der Natur zu entdecken. Friedhöfe üben auf ihn eine fast magische Anziehungskraft aus.

So wie jener Bruder, der auf einem Wiener Friedhof ein Grab entdeckte, das seine Aufmerksamkeit erregte. Das Besondere war ein schiefer Grabstein, in dem er ein maurerisches Symbol menschlicher Unvollkommenheit zu erkennen glaubte. Er teilte seine Entdeckung zwei ebenfalls spirituell äußerst aufgeschlossenen Brüdern mit, die sich an einem späten Nachmittag auf den Weg machten, um das Geheimnis des schiefen Grabsteins zu ergründen. Da die beiden aus der Baubranche kamen, fühlten sie sich für diese Unternehmung geradezu prädestiniert. Die Abenddämmerung legte sich schon über den Friedhof und die beiden hatten einige Mühe, das Grab zu finden. Nach einer Weile war es jedoch so weit, der schiefe Stein entdeckt. Man beäugte den Stein interessiert und fachmännisch von allen Seiten, konnte für dessen schiefe Lage jedoch keine plausible Erklärung finden. Da die Dunkelheit bereits einzusetzen begann, hatten die beiden für die Lösung des Rätsels auch nicht mehr allzu viel Zeit. Es bestand dringender Handlungsbedarf.

Plötzlich hatte einer der beiden die Erleuchtung, aber zugleich auch die Ernüchterung: Er entdeckte an noch vorhandenen Spuren am Boden, dass der Stein durch ein ganz „profanes" Naturereignis – ein durch lang anhaltenden Regen aufgeweichtes Erdreich – in seine schiefe Lage geraten sein könnte. Enttäuscht machte man sich auf den Weg zum Ausgang, jedoch das Friedhofstor war verschlossen! Hier war nun guter Rat teuer, und die beiden Geheimniskrämer in einer prekären Situation, denn die Dunkelheit hatte bereits eingesetzt.

Wie es den beiden gelungen ist, über das etwa drei Meter hohe Tor nach draußen zu gelangen, blieb ihr Geheimnis. Passanten, die die Szene beobachteten – zwei dunkel gekleidete Herren, die sich über den Zaun eines Friedhofs hanteln – dürften wohl an eine „Begegnung der dritten Art" gedacht haben.

Vor meiner Aufnahme in den Bund warnte mich der Stuhlmeister der Loge vor allzu großen Erwartungen an meine Brüder: »Es menschelt leider auch bei uns!« Ich empfand das zwar als banale Aussage, aber dennoch schien sie ihm so wichtig, dass er mich gleich mehrmals auf diesen Umstand aufmerksam machte. Er war ja bekanntlich der Meinung, dass die Ernüchterung bei mir spätestens in einem halben Jahr nach meiner Aufnahme eintreten würde, doch die Erkenntnis kam weit früher!

Es gab Brüder zu denen ich kein so rechtes Zutrauen fand. Und zu einem viel späteren Zeitpunkt sollte mir klar werden, dass meine Reserviertheit ihnen gegenüber auf keinem Vorurteil beruhte.

Da gab es etwa einen Bruder, der in geradezu marktschreierischer Art und Weise seine großartigen Tugenden zur Schau stellte. Der stets Demokratieverständnis und Solidarität einforderte. Allerdings nur von den anderen, nie von sich selbst! Die Hilfsbereitschaft dieses nach eigener Aussage so selbstlosen Bruders wurde von mir ein einziges Mal auf die Probe gestellt.

Es handelte es sich um einen Menschen, dem ich vor einiger Zeit in einer für ihn beruflich und menschlich wichtigen Angelegenheit behilflich sein konnte. Ich empfand das damals als Selbstverständlichkeit und erwartete daher auch keinen überschwänglichen Dank. Was ich jedoch nicht erwartete, war, dass genau dieser Bruder mir später einmal empfindlich schaden sollte.

Als ich ihn, in einer für mich kritischen und existenzbedrohlichen Situation, um seine Hilfe ersuchte, ließ er mich eiskalt abblitzen, gab mir zu verstehen, dass ich auf ihn nicht zählen brauchte, obwohl die Hilfestellung für ihn keiner Anstrengung bedurft hätte, ja er aufgrund seiner Funktion – er war Vorstand einer Konzertvereinigung, der auch ich angehörte – sogar dazu verpflichtet gewesen wäre. Nein, er verschärfte meine ohnehin prekäre Lage noch zusätzlich, durch eine beispiellos zynische, rücksichtslose Aktion.

Manche Brüder lieferten zuweilen ungewollte Kabaretteinlagen. Bei einer von mir besuchten Rezeption, die mit viel Würde und feierlich über die Bühne ging, hatte der Vorbereitende Meister, der seine Aufgabe sonst großartig und souverän bewältigte, mit dem Wort Bauhütte so seine Probleme. Er sprach von einer „Brauhütte". Nicht auszudenken, wäre ihm diese Verwechslung beim „Allmächtigen Baumeister aller Welten" unterlaufen.

Ungewollt, aber nicht minder pointiert, legte der Stuhlmeister der Loge noch ein Schäuferl nach: »Meine lieben, neu eingeweihten Brüder. In unzerreißbar „fetter" Kette seht Ihr uns vereint und bereit zu gemeinsamer Arbeit am Tempel der allgemeinen Menschenliebe.«

Anlässlich meines Besuchs einer Nachbar-Loge, sorgte der zweite Aufseher für unfreiwillige Heiterkeit. Auf die Frage des Stuhlmeisters: »Warum nennen wir uns Freimaurer?«, entfuhr es ihm: »Weil wir als freie Männer bauen am Tempel der allgemeinen „Männerliebe"!«

Freimaurer nehmen es mit der „Deckung" – der Wahrung der Verschwiegenheit gegenüber Profanen – durchaus ernst. Das will jedoch nicht immer gelingen! Anlässlich eines Gastbesuchs einer Grazer Loge hatten wir, endlich wieder in Wien angekommen, noch das Bedürfnis eine Bar aufzusuchen und im Anschluss daran noch einem Würstelmann die Ehre zu geben. Am Heimweg machte einer von uns, dem die Taschen mit den maurerischen Utensilien anvertraut waren, den entsetzten Ausruf: »Ich habe unser „Werkzeug" beim Würstelstand liegen lassen!« Man stelle sich die Überraschung des Würstelmannes, bei der Entdeckung des Tascheninhalts vor!

Während einer Taxifahrt soll sich folgendes Gespräch ereignet haben. Manche Brüder können es offensichtlich nicht lassen, wenn auch verdeckt, bei jeder Gelegenheit über Logeninterna zu sprechen. Der eine zum anderen: »Was ich dich fragen wollte, was ist eigentlich dein Alter?« Selbstverständlich meinte dieser sein maurerisches Alter. Der andere erwiderte: »Ich bin gerade fünf Jahre!«

Der Taxler, dem dies nicht entgangen war, wurde hellhörig und beobachtete die Fahrgäste interessiert im Rückspiegel, worauf einer der Brüder bemerkte: »Es beginnt zu regnen [Wir werden belauscht]!« Der Taxler, bereits irritiert, lehnte seinen Kopf weit zum Fenster hinaus, konnte jedoch weit und breit keine Wolke sehen. Als er gebeten wurde, kurz anzuhalten, da man Zigaretten benötige, machte er seiner Irritation Luft: »Entschuldigen Sie mein Herr, aber ich beginne mich langsam über Ihren Kollegen zu wundern, erst spricht dieser doch schon etwas betagte Herr davon, dass er erst fünf Jahre alt sei, und zuletzt sieht er es dann auch noch regnen, wo doch der Himmel astrein ist?« Der so angesprochene Bruder: »Ich kann das leider nicht beantworten, ich bin nämlich erst drei Jahre alt!«

Die bizarrste Geschichte soll sich auf der Heimfahrt von Schloss Rosenau zugetragen haben. Nach einer Meistererhebung, für die man wegen der einzigartigen Atmosphäre Schloss Rosenau auserwählt hatte, machten sich die Brüder nach anschließendem Galadinner wieder auf den Heimweg Richtung Wien. Zwei von ihnen, welche die Requisiten für die Tempelarbeit anvertraut bekamen, zu denen ein Sarg und einige Totenschädel gehörten, kamen durch Schneeverwehungen mit ihrem Auto ins Schleudern und landeten im Straßengraben. Eine zufällig vorbeikommende Gendarmeriestreife bot sofort ihre Hilfe an, und man versuchte den Wagen der beiden Unglücksvögel wieder flott zu bekommen. Einer der Gendarmen suchte ein Abschleppseil, öffnete den Kofferraum des Autos und prallte entsetzt zurück: Sarg und Totenschädel hatte er dort nicht erwartet. Die Situation war angespannt, die Gendarmen äußerst misstrauisch und die Brüder hatten einigen Erklärungsbedarf. Woher sie denn kämen und wer sie denn seien, wollten die Gendarmen wissen. Der Schlagfertigere der beiden antwortete glaubwürdig: Wir gehören einer Laientheatergruppe an und freuen uns, nach einer äußerst erfolgreichen, aber anstrengenden Aufführung auf Schloss

Rosenau, nun schon riesig auf unser Zuhause! Die Beamten gaben sich mit der Erklärung zufrieden und wünschten den beiden „Laiendarstellern" noch gute Heimreise.

Auch bei Diskussionsbeiträgen an der Weißen Tafel lieferten sich Brüder zuweilen beinahe skurrile Wortgefechte. Fast immer daran beteiligt: mein Bürge!

Ein Bruder, der in seinem Baustück mit salbungsvollen Worten von der Tugend der Bescheidenheit sprach, musste sich letztlich von meinem Bürgen die provokante Frage gefallen lassen: »Sag, lieber Bruder, du sprachst in deiner Zeichnung mehrmals die Bescheidenheit an. Gehe ich jedoch recht in der Annahme, dass sich dein Büro in einem der exklusivsten Hochhaustürme Wiens befindet?« Der so angesprochene Bruder konterte schlagfertig und empört: »Und gehe ich recht in der Annahme, dass du als Zweitauto einen Porsche 911 fährst, also auch nicht gerade ein Symbol für Bescheidenheit?«

Ein anderer wiederum wollte den Brüdern vermitteln, dass maurerische Tugenden sehr wohl auch am Arbeitsplatz Anwendung finden könnten und lieferte dazu gleich ein Beispiel: Er selbst befand sich immer wieder in der misslichen Lage, Mitarbeiter abbauen zu müssen. Er tat dies immer äußerst ungern, aber was getan werden muss, dem müsse man Rechnung tragen. Dank seiner maurerischen Schulung fand er bei dieser undankbaren Aufgabe einen menschlicheren Ton, also eine humanere Art des Feuerns. Er war sich sicher, so wenigstens Schadensbegrenzung für die Betroffenen betrieben zu haben. Die Brüder waren von diesem Bekenntnis zur „Nächstenliebe" am Arbeitsplatz zutiefst berührt. Wenn also schon jemand gefeuert werden muss; dann wenigstens mit lieben Worten.

Ein „Bruder Kabarettist" berichtete von einem „Zwiegespräch mit dem Jenseits", das Lotte Ingrisch mit ihrem verstorbenen Gatten – Bruder Gottfried von Einem – führte. Er ließ sie wissen: »Der Tod wird überschätzt!«

Die Steine der anderen

Man legte mir nahe, als Lehrling zunächst einmal meinen eigenen „Rauen Stein“ zu bearbeiten. Da ich damit nicht viel anzufangen wusste, machte ich mich lieber daran, an den Steinen meiner Brüder zu feilen. Auch die älteren und erfahrenen Meister blieben nicht verschont. Dies führte im Lauf der Zeit zu einer gewissen Irritation, ja Ratlosigkeit bei den Brüdern. Die sprichwörtliche Toleranz bei Freimaurern ist jedoch keine hohle Phrase, und man ließ mich die Irritation lange Zeit nicht spüren und übte sich in Geduld. Dies führte dazu, dass ich in meinen Wortmeldungen immer verwegener wurde und auch vor Provokationen nicht mehr zurückschreckte.

Anlässlich eines Gesprächs an der Weißen Tafel, im Anschluss an den Vortrag eines Bruders Meister – pikanterweise mein eigener Bürge – stellte ich die Frage: »Sag lieber Bruder, du hast in deinem Vortrag so wunderschöne Dinge über die Maurertugenden zum Besten gegeben. Darf ich dich fragen: Wie hältst du es denn selbst damit, inwieweit bist du in deiner Selbstveredelung vorangeschritten?«

Eisiges Schweigen breitete sich im Raum aus. Ich, der Bruder Lehrling, war zu weit gegangen. Man sagt zwar, es ist dem Lehrling grundsätzlich erlaubt, jede Frage zu stellen, da es für Lehrlinge, laut Auffassung älterer Brüder, gar keine dummen Fragen geben kann – die Brüder wollten dies jedoch nicht als Narrenfreiheit verstanden wissen.

Beim Italiener konnte ich an Körpersprache und Mimik meines Bürgen erkennen, dass er ernstlich verärgert war. Sein charakteristisches Kopf- und Schulterzucken verhießen nichts Gutes. Nach längerem, auf mich lähmend wirkenden Schweigen richtete dieser das Wort an mich: »Darf ich dich fragen, wie deine Wortmeldung an der Weißen Tafel gemeint war? Sollte dies etwa eine Frage an mich gewesen sein?«

»Ganz einfach. So wie ich es gesagt habe: Wie weit du eben selbst mit deiner Selbstveredelung vorangekommen bist.« Mein Bürge knapp: »Nun gut, dann würde ich dich bitten, falls du überhaupt Wert drauf legst, von den Brüdern ernst genommen zu werden, künftig auf solche Wortmeldungen zu verzichten!«

Das war unmissverständlich. Da ich meinen Freund nicht weiter provozieren wollte, brachte ich das Thema auf belanglosere Dinge, was aber nicht so recht gelingen wollte, da die Stimmung meines Bürgen am Nullpunkt war.

Retter in dieser peinlichen Situation war unser gemeinsamer Freund, der Notar, der in altbewährter Manier das Lokal betrat: »Ich begrüße die Promillenz!« Er erkannte die angespannte Atmosphäre zwischen mir und meinem Bürgen, ließ sich davon jedoch nichts anmerken. Als mein Bürge, mit einem anderen Gast plaudernd, in sicherer Entfernung stand, richtete er etwas lauernd an mich die Frage: »Sag, was ist mit euch beiden, ist etwa schon wieder dicke Luft zwischen euch?« Ich schilderte ihm die Situation an der Weißen Tafel und die etwas unpassende Frage. Er lachte schallend auf und bemerkte trocken: »Ja warum hast du ihn denn nicht gleich gefragt: Gehst du noch immer ins Puff? Wie oft soll ich dir eigentlich noch sagen mein Freund: Nimm dich zurück!«

In unserer Loge war es Brauch, die Brüder Lehrlinge und Gesellen vor der eigentlichen Tempelarbeit in einer Instruktion über die Inhalte ihres Grades zu unterweisen. Diese Vorbereitung wurde vom Vorbereitenden Meister stets mit Ernst betrieben. Zur Diskussion gelangten vorrangig Themen wie Ritualistik und Symbolik – immer auf den Grad des Lehrlings oder Gesellen bezogen. Ich, der viel las und dies sogar weit über meinen Grad hinaus tat, konnte nur schwer der Versuchung widerstehen, mein Wissen anzubringen oder doch wenigstens dann und wann launige Einlagen in die Vorbereitung einzubringen.

Einmal begann der Vorbereitende mit folgenden bedeutsamen Worten: »Was tun wir hier?« Da die Brüder Lehrlinge auf alles gefasst waren, nur nicht auf so eine simple Frage, gaben sie mehr oder weniger originelle Antworten, wie: »Wir suchen nach Erkenntnis«, »Wir arbeiten an uns«, »Wir streben nach Selbstveredelung« oder »Wir bearbeiten unseren Rauen Stein«. Ich, der zuletzt mit dieser tiefsinnigen Frage konfrontiert wurde, schoss mit meiner Antwort sicher den Vogel ab: »Ich sitze hier und sinniere gemeinsam mit dem Vorbereitenden über die Frage nach, was ich hier wohl tue.«

Bei einer Vorbereitung im zweiten Grad fragte der Vorbereitende, mein Bürge, die Brüder Gesellen: »Kann mir jemand sagen, warum wir mit dem „Spiegel", Symbol der Selbsterkenntnis, erst bei unserer Beförderung konfrontiert werden, und nicht schon bei unserer Rezeption? Ich meldete mich zu Wort: »Ich glaube, es ist nicht gut möglich, mit verbundenen Augen in einen Spiegel zu sehen!«

In meiner „Lehrzeit", und auch danach, gelang es mir immer wieder, den Vorbereitenden Meister – übrigens mein vormaliger Informator – mit angelesenem Wissen zu verblüffen, aber auch empfindlich zu irritieren. Ich konnte einfach dem unseligen Drang, all mein vermeintliches Wissen stets unaufgefordert unter Beweis stellen zu müssen, nicht widerstehen.

Der ältere Herr wurde einmal, anlässlich einer Vorbereitung, von einem der Brüder Lehrlinge gefragt, warum denn der Tempel der Freimaurer nur auf drei Säulen (Weisheit, Stärke, Schönheit) ruhe. Normal habe doch jeder Tempel vier Säulen. Gewiss keine dumme Frage. Der Vorbereitende war durch die Frage für eine Sekunde in Verlegenheit geraten, denn er durfte sie im Lehrlingsgrad nicht beantworten. Nicht so ich. Ohne zu zögern, bemerkte ich: »Die Antwort auf die Frage wird uns frühesten im dritten Grad gegeben, wenn nicht sogar erst in den Hochgraden!«

Darauf der Vorbereitende entsetzt: »Aber du bist ja noch nicht einmal im zweiten Grad!« Worauf ich ungerührt bemerkte: »Das ist ja auch der Grund, warum ich meinem Bruder Lehrling diese Frage nicht beantworten will!«

Dies war dem alten Herrn dann doch zu viel und mein Bürge war nun dringend gefordert, meinem Treiben ein Ende zu setzen. Doch wie sollte man jemanden wie mich überzeugen, der ja mit seiner Aufnahme in den Bund, vermeintlich auch alles Wissen um die Maurerei im Schlaf empfangen hatte? Es war nun die Aufgabe meines Bürgen, mich zwar brüderlich, aber mit allem Nachdruck wieder in die maurerischen Schranken zu weisen. Eine Aufgabe, die den Armen, der auch nicht gerade mit einem Übermaß an Geduld gesegnet war, schier verzweifeln lassen musste und dies in der Folge auch tat.

Eines Tage sah dieser mich mit einer Miene, halb spöttisch, halb erbost – was nichts Gutes verhieß – an: »Ich habe gehört, dass du mit den Hochgraden bereits bestens vertraut bist. Es ist dir gelungen, bei den letzten Vorbereitungen durch deine Wortmeldungen die Brüder, einschließlich des Vorbereitenden Meisters, empfindlich zu irritieren und ich wurde gebeten, in Zukunft bei diesen Gesprächen anwesend zu sein, um deinem Treiben ein Ende zu setzen!«

Dies hätte jeden anderen Lehrling gewiss aufhorchen lassen, nicht so jedoch mich – den störrischen Lehrling –, dem dies eher als eine Entgleisung seines Bürgen vorkam. Dieser hatte halt noch an seiner Selbstbeherrschung zu arbeiten; so meine damalige Einschätzung der Persönlichkeit meines Bürgen, die allerdings auch später noch seine Gültigkeit behalten sollte und an der sich, aus meiner Sicht, nichts Grundlegendes geändert hatte.

Aber auch diese Irritation hatte noch keine nachhaltigen Auswirkungen auf die Beziehung Bürge und Lehrling. War es bloß Vergesslichkeit oder gar die maurerische Toleranz meines

Bürgen? Ich denke, es war wohl ersteres. Bei unserem nächsten gemeinsamen Treffen schien alles wieder vergeben und vergessen. Man tat so, als wäre nichts gewesen und kam sich völlig unbefangen entgegen, bis zur nächsten Irritation, die zwangsläufig folgen musste, denn: „Ist der Ruf einmal ruiniert, lebt sich's gänzlich ungeniert."

Dieser weise Spruch hatte selbstverständlich für uns beide Gültigkeit. Die langsam auch für andere deutlich erkennbar getrübte Beziehung zwischen Bürgen und Lehrling konnte natürlich den anderen Brüdern nicht verborgen bleiben und löste einige Besorgnis bei ihnen aus. Einige, darunter auch der Stuhlmeister der Loge, boten sich gar als Vermittler an. Ich und mein Bürge erkannten hier jedoch keinen Handlungsbedarf. Waren wir diesmal doch ausnahmsweise einer Meinung: nämlich, dass dieses Problem nur uns beide was anging und wir daher keiner Vermittlertätigkeit bedurften. Im Nachhinein betrachtet entpuppte sich dies jedoch als grobe Fehleinschätzung und es wäre ratsam gewesen, die brüderliche Hilfe durch Dritte anzunehmen.

Denn es kam bald, wie es eben kommen musste, zu einer neuerlichen Krisensitzung.

In einem alten Wienerlied-Lokal, im Hintergrund spielte aufdringliche Schrammelmusik, überlegte man gemeinsam, was zu tun wäre. Man stelle sich nur einmal vor, was alleine die Lokalauswahl für unseren Freund an Selbstüberwindung gekostet haben musste. War er ja, wie schon erwähnt, kein unbedingter Musikliebhaber und schon gar nicht ein Fan des Wienerliedes und der Schrammelmusik.

Man kann aus dieser Tatsache erkennen, wie wichtig ihm selbst dieses Gespräch gewesen sein musste. Immerhin nahm er dafür das Opfer in Kauf, sich mit Musik berieseln zu lassen. Eine heldenhafte Einstellung, die ihn in meinen Augen wieder in einem ganz anderen Licht erscheinen ließ, ja, in mir fast Schuldgefühle aufkommen ließ. Hatte ich meinen Bürgen in der Vergangenheit oftmals mit dummen Fragen belästigt, so mutete ich ihm an diesem Abend sogar selbst gesungene Wienerlieder zu, die ich, während der hauseigene Sänger pausierte, stimmungsvoll zum Besten gab. Meinen Bürgen schien dies, laut eigenen Angaben, jedoch nicht zu stören – ganz im Gegenteil, er war bester Laune. Hatte ich ihn an dem Abend etwa zur Musik bekehrt?

Der Abend war dann auch von einer außerordentlichen Atmosphäre der Harmonie getragen und man vergaß fast das eigentliche, ernste Anlassthema. Kurz bevor wir die Heimfahrt antraten, machte mein Bürge endlich einen Vorschlag zur Güte: Ich solle mich bei meinen weiteren Wortmeldungen an der Weißen Tafel etwas zurücknehmen und überhaupt sollten wir beide bis auf weiteres jedes maurerische Gespräch in Wirtshäusern meiden um so jeglichen Konfliktstoff ein für alle Mal aus unserer Beziehung zu verbannen. Es war dies gewiss ein weiser Vorschlag, mit dem auch ich leben konnte. Denn, so meine Überzeugung, war die trübe Wolke erst einmal verflogen, würde man selbstverständlich wieder zu einem harmonischen maurerischen Gedankenaustausch zurückfinden. Und ich sollte damit, wenn auch nur bedingt, recht behalten.

Was der Grund der Verstimmung meines Bürgen war, wurde mir in späterer Folge klar, zum damaligen Zeitpunkt war es dies jedoch noch nicht: Mein Freund hatte ganz bestimmte Vorstellungen vom sinnvollen Umgang mit dem maurerischen Gedankengut. Als erfahrener Bürge – ich war bereits sein sechster „Schützling" – hatte er traditionellerweise hohe Erwartungen an denjenigen, den er doch selbst zur Aufnahme empfohlen hatte. Wahrscheinlich schwebte ihm dabei das Bild eines sogenannten Mustermaurers vor, das ich aus seiner Sicht damals nicht einmal annähernd zu erfüllen schien. Umso größer war dann auch seine Enttäuschung, die er mich nur allzu deutlich spüren ließ.

Jedoch nicht alles an meinem frühen maurerischen Treiben erregte seinen Unmut. Von meinen später folgenden Baustücken war er, wie alle anderen auch, zumeist sehr beeindruckt und diese Begeisterung war sicher nicht gespielt. Hier erkannte und anerkannte er eine aus seiner Sicht wirklich ernsthafte und auch intensive Auseinandersetzung meinerseits mit dem maurerischen Gedankengut, die er jedoch bei meinen sonstigen Wortmeldungen zur Gänze vermisste. Und diese Tatsache machte ihn offenbar ratlos. Es war laut seiner Aussage für ihn schier unfassbar, dass hier ein und derselbe Mensch am Werk war.

Ein Gespräch unter Freimaurern bedarf einer anderen Gesprächskultur, als dies bei profanen Plaudereien üblich ist. Im Besonderen trifft dies jedoch auf Gespräche an der Weißen Tafel zu. Bei solchen Gesprächen steht das Zuhörenkönnen zunächst einmal an vorderster Stelle. Und dies ist auch der Grund, weshalb man dem neu aufgenommenen Bruder Lehrling für die ersten Arbeiten ein Sprechverbot erteilt. Dieses Zuhörenkönnen war es jedoch, das mein Bürge bei mir so vermisste. Auch sollte man bei solchen Gelegenheiten, nach Meinung meines Bürgen, nur dann das Wort ergreifen, wenn man entweder einen geistigen Beitrag zu leisten hat oder einem eine Frage zum Thema am Herzen liegt. Fragen zu stellen, die in Wahrheit keine Fragen sind, sowie lockere Sprüche zu klopfen, sei fehl am Platz. Und damit hatte ich meinen Bürgen, den armen, gestressten Architekten, vor eine harte Geduldsprobe gestellt. War doch, wie schon erwähnt, gerade Geduld nicht seine größte Stärke.

Doch nun wusste ich zumindest ein wirksames Mittel, um meinen Freund bei Laune zu halten und ihn seinen manchmal ungerechten Groll über mich vergessen zu machen. Ich würde dies, das schwor ich mir zumindest, wann immer es nötig sein sollte, auch in Zukunft zur Anwendung bringen: nämlich meinen Freund und Bürgen, den Musikfeind, mit Liedern zu beglücken. Und diese Gelegenheit sollte nicht lange auf sich warten lassen ...
80. Geburtstag meines einstigen Informators – Hobbymusiker und Vorbereitender Meister meiner Loge: Mir wurde die große

Ehre zuteil, von ihm selbst am Klavier begleitet, vor Brüdern und Schwestern unserer Loge, aber auch vor Freunden des Jubilars einige seiner Lieblingslieder zum Besten zu geben. Selbstverständlich war auch mein Bürge zugegen. Dieser denkwürdige Geburtstag fand in einem Wiener Heurigenlokal statt und da meine Frau, die ja bestenfalls einen Bruchteil von mir trank, ebenfalls eingeladen war, so hatte ich beim reichlichen Genuss des Weines auch keinerlei moralische Bedenken: Selbstverständlich würde sie schon dafür sorgen dass ich gut nach Hause käme.

Mein Liedvortrag war ziemlich zu Beginn der Feier geplant und so könnte der von mir bereits ausgiebig genossene Wein noch keinerlei hörbare und sichtbare Folgen haben, so meine Meinung. Alkohol benötigt bekanntermaßen eine gewisse Zeit, bis er seine Wirkung in einem ausbreitet. Doch so weit war ich noch lange nicht, denn ich war, für alle Anwesenden klar erkennbar, noch Herr meiner Sinne, aber noch vielmehr Herr meiner Stimme. Lautstark schmetterte ich, einfühlsam begleitet von meinem Bruder Jubilar, das Lied „O Sole mio“ in den Raum und sang dann noch zwei eher besinnliche Lieder zum Abschluss.

Die Geburtstagsgäste waren hellauf begeistert, der Applaus nicht enden wollend und ich hätte es eigentlich bei diesen drei Liedern bewenden lassen können. Welcher Teufel mich ritt, dass ich mich zu bereits fortgeschrittener Stunde nochmals überreden ließ, ein weiteres Lied zum Besten zu geben, ist unergründlich. Jedenfalls war es ein Bruder, der sogenannte Immobilien-Heini, der nach ebenfalls ausgiebigem Weinkonsum plötzlich seine Sangeslust entdeckte. Es war ihm offenbar ein Herzensbedürfnis, mit mir im Duett den Sinatra-Song „My Way“ zu singen. Da ich bereits Böses ahnte, lehnte ich das Ansinnen dieses Bruders zunächst mit aller Bestimmtheit ab. Fühlte ich doch, wie mein Gang bereits leicht schwankend wurde und mein Blick zu verschwimmen begann. »Also bitte, nur jetzt nicht singen«, sagte ich beschwörend zu mir selbst. Auch war mir der englische Text dieses

Liedes, aufgrund der nun bereits beginnenden Wirkung des Weines, entfallen und aller Voraussicht nach an diesem Abend in meinem Gedächtnis auch nicht mehr abrufbar.

Der sangesfreudige Immobilien-Heini ließ jedoch nicht locker: Er könne mir doch wenigstens beim Text aushelfen! Dies war nun wirklich ein Argument, das mich letztlich überzeugte. Doch wer aber sollte uns beide am Klavier begleiten, da der Jubilar, offenbar ein gewissenhafter Künstler, sich außerstande sah dieses Lied noch professionell genug spielen zu können? Eine unbekannte Dame opferte sich schließlich und erklärte sich zur Liedbegleitung bereit. Und damit nahm das Unheil seinen Lauf. Schon bei den Anfangstakten bemerkte ich entsetzt, dass die Unbekannte offenbar keine Ahnung von diesem Lied hatte, ihre Begleitung zu anderen Songs, nur nicht zu „My Way" passte. Mein Bruder, der mich ja nur textlich unterstützen wollte, aber offenbar noch weniger Ahnung vom Liedtext hatte als ich selbst, unternahm dann noch den verzweifelten Versuch mich an Lautstärke übertrumpfen zu wollen, was ihm aber nicht so recht gelingen wollte.

Da standen also zwei angeheiterte, stark schwankende Brüder, gaben unartikulierte Laute zu einer unerkennbaren Klavierbegleitung von sich und hofften wohl insgeheim, dass dieser Spuk ohne größeres Ärgernis an ihnen vorüber gehen würde. Eine leider trügerische Hoffnung, wie sich später zeigen sollte. Anfangs sah es ja noch danach aus, als würde diese peinliche Situation für uns beide einigermaßen glimpflich ablaufen, denn die Brüder und Schwestern, und hier ganz vorzüglich mein Bürge, schienen sich köstlich zu unterhalten.

Nicht so jedoch meine Frau, diese war angesichts dieses Spektakels alles andere als erfreut. Trotz umnebelten Blickes konnte ich die Zornesröte in ihrem Gesicht klar erkennen. Beschwichtigend torkelte ich auf sie zu, in der Hoffnung sie versöhnen zu können, jedoch ohne Wirkung. Mit zusammengebissenen

Zähnen zischte sie nur die wenigen Worte: »Du hast mich blamiert!« Für den Rest des Abends herrschte zwischen uns beiden dann auch Funkstille.

Es lag nun an meinen Brüdern, mich wieder aufzurichten und mir das verloren geglaubte Selbstvertrauen zurück zu geben. In diesem Punkt sind Brüder Freimaurer einfach unübertrefflich. Am nächsten Morgen erhielt ich dann den Anruf meines Bürgen: Dieser bedankte sich überschwänglich für meinen „wundervollen" Liedvortrag. Selbstwertgefühl und Ehre waren damit vollends hergestellt.

Ein Gespräch unter Eingeweihten

Ein Montag Abend nach getaner Logen-Arbeit, zu schon fortgeschrittener Stunde an der Bar jener italienischen Trattoria. Mein Bürge und ein jüngerer, offenbar unbedarfter, ungeduldiger Bruder Freimaurer mit Schnauzbart waren in ein Gespräch über ein delikates Thema vertieft, an dem man nun auch mich, den „jüngsten" Bruder – zwar nur passiv, aber doch – teilhaben ließ. An Körpersprache und Gestik, besonders des Jüngeren, war zu erkennen, dass man bemüht war, andere Barbesucher vom Inhalt des Gesprächs abzulenken. Indiskreten Lauschern konnte aber nicht verborgen bleiben, dass sich die beiden bei ihrem angeregten Diskurs bisweilen einer Zeichensprache bedienten. Konnte man doch von Zeit zu Zeit „Code-Worte" wie etwa „FM" und „L" sowie „es regnet!" hören – umso seltsamer: war an diesem Abend der Himmel doch wolkenlos. Das war auch der Grund, dass die beiden trotz gedämpfter Stimme die Aufmerksamkeit einiger Barbesucher auf sich zogen, deren Ohren auch prompt länger wurden.

Man sprach über das abendliche Logen-Ereignis, dem der Jüngere jedoch kritisch gegenüber stand: »Ich muss gestehen, von der FM, von all unseren Aktivitäten, oder sollte ich besser sagen Nichtaktivitäten, enttäuscht zu sein. Der heutige Abend, der Vortrag, die Wortmeldungen danach – es kann doch nicht Sinn und Zweck unserer Sache sein, salbungsvolle Reden und diplomatische Floskeln von sich zu geben und schier unverständliche philosophische Abhandlungen zu halten.«

»Ja, ja, viel Lärm um Nichts«, erwiderte mein Bürge wie zu sich selbst. »Ein Käfig voller Narren, wäre treffender«, meinte der „Schnauzbart". »Übereile dich nur nicht«, bemerkte mein Bürge. »Von der Freimaurerei enttäuscht? Was denkst denn du, was so unsere Sache wäre?«

Kaum war das Wort Freimaurerei gefallen, ging ein Raunen durch das Lokal. Einige Gäste waren hellhörig geworden. Darauf der Jüngere, dem dies nicht entgangen war, eindringlichst: »FM bitte, du merkst doch, dass es hier „regnet“ [ungebetene Zuhörer sind zugegen]. Ich denke, dass die FM mächtig genug wäre, etwas zu bewegen: etwa gesellschaftliche Veränderungen. Denk nur an die Zeit der Aufklärung!«

Mein Bürge, den ungebetene Zuhörer nicht störten: »Die Freimaurerei mächtig? Woraus schließt du, dass die Freimaurerei jemals mächtig war?«

»Wenn du von mir eine Lektion in Geschichte erwartest, soll mir dies auch recht sein. Nimm die Französische Revolution, die Gründung der Vereinigten Staaten, die Charta der Menschenrechte. Waren es nicht alles FM, die dahinter gestanden sind?«

Mein Bürge verwundert: »Die Französische Revolution eine maurerische Tat? Wer hat dir diesen Bären aufgebunden? Zu den anderen von dir genannten Taten nur so viel: Wenn schon vielleicht einige Freimaurer beteiligt waren, so doch wohl nicht die Freimaurerei.«

»Selbstverständlich die FM, oder ist denn die in deinen Augen was anderes als die Gesamtheit ihrer Mitglieder?«

»Falls einige wirklich an den von dir geschilderten Ereignissen beteiligt waren, so waren diese doch in der Freimaurerei, also der Weltenkette trotzdem nur eine Minderheit. Jetzt würde mich aber interessieren: Verstehst du unter Freimaurerei die Vereinigung ihrer Mitglieder, also die äußere Verbindung, oder das maurerische Gedankengut, das eben diese Menschen verbindet?«

»Ich verstehen nur«, zischte der Jüngere ungeduldig, »dass du mich nicht verstehen willst und wenn du so weitermachst, uns die restlichen Gäste des Lokals bald verstehen werden. Wie oft muss ich dich eigentlich noch darauf aufmerksam machen, dass es hier „regnet“. Wenn ich von FM spreche, meine ich selbstverständlich beides: die äußerliche Verbindung ihrer Mitglieder sowie die Idee, die sie eint, oder wenigstens einen sollte.«

»Ja, wenn das so wäre ...«, murmelte mein Bürge.

»Siehst du«, entgegnete der Jüngere, der sich nun verstanden fühlte. »Jetzt gebe ich dir sogar recht, denn in früheren Zeiten war dies so, heute ist es gewiss nicht mehr so.«

»Auch in früheren Zeiten nicht.«

»Oh doch, ganz gewiss: Alle FM der Aufklärungszeit hatten jedenfalls im Gegensatz zu uns was getan und bewegt. Wir jedoch sitzen und diskutieren ganze Abende über Sinn und Zweck unserer Sache, jedes Mal fragen wir uns dann aufs Neue, wer wir denn nun eigentlich sind, woher wir kommen und wohin wir gehen, um letztlich wieder ratlos auseinander zu gehen.«

»Wenn aber einige über all dieses Diskutieren hinaus auch noch was anderes, nützlicheres täten«, bemerkte mein Bürge bedeutungsvoll.

»Ich bewundere den Ernst, mit dem du solche Banalitäten aussprechen kannst«, erwiderte ärgerlich der Jüngere. »Ich nehme also zur Kenntnis: Unsere heutigen Freimaurer stehen, was geistige Potenz und Brillanz sowie Tatkraft anlangt, einem Goethe, Mozart oder Lessing in nichts nach. Du sagst es und daher wird es auch so sein. Hab ich dich übrigens richtig verstanden, dass du zwischen Idee und äußerlicher Verbindung unterscheidest?«

»Ich hoffe doch sehr, dass auch du diesen Unterschied erkennen kannst. Die mehr oder weniger starke Verbindung unter Freimaurern ist eine Sache, die Idee eine ganz andere. Hast du nicht selbst eben von diesen Schwätzern in unseren Reihen gesprochen – Brüder, deren Floskeln dir die Freimaurerei verleiden – du wirst doch nicht glauben, dass die es sind, die unser Gedankengut repräsentieren und fortpflanzen?«

Der Jüngere, der sich endlich verstanden glaubte, begeistert: »Warum nicht gleich so, ich sehe, du beginnst mich zu verstehen! Aber schau, hier im Eck ist gerade ein Tisch frei geworden, wo uns niemand hören kann!«

Man wechselte den Platz, in der Meinung, ab jetzt für andere unhörbar zu sein. Auf mich machte diese Art von Dialog einen skurrilen Eindruck. Es kam mir vor, als würde mein Bürge sich einen Spaß daraus machen, dem Jüngeren ständig einen Brocken zuzuwerfen, um ihm dann letztlich die Antwort schuldig zu bleiben. Eine seltsame Gesprächskultur, mit der jedoch auch ich schon allzu oft Bekanntschaft gemacht hatte.

»Also, auch du«, setzte der Jüngere erleichtert fort, »erkennst offenbar den tiefen Graben, der die meisten unserer Brüder von der eigentlichen Idee trennt?«

»Selbstverständlich – ich glaube nur im Gegensatz zu dir, dass dies zu allen Zeiten so gewesen ist, es immer nur eine Minderheit der Brüder war, die erkannte, was Freimaurerei ist, und das für ihr Leben, wenn auch ohne viel Aufhebens darüber zu machen, anwendete.«

»Ich verstehe: die geheimen Taten unserer „namenlosen Meister". Wie konnte ich die nur vergessen? Wie kannst du ernsthaft glauben, dass diese Gutmenschen jemals etwas bewegen könnten? Diese Träumer, die glauben, wenn sie sich selbst ein wenig bessern, sich die Welt automatisch zum Besseren wendet.«

»Weißt du ein geeigneteres Mittel?«, fragte mein Bürge.

»Nein, nicht wirklich«, gab sich der Jüngere ahnungslos.

»Ich habe nicht von Träumern und Gutmenschen, sondern von Menschen gesprochen, die die Sinnlosigkeit erkannt haben, die Menschheit aus der Perspektive des eigenen Weltbildes ändern zu können. Ein hoffnungsloses Unterfangen, an dem schon so manche Religion und Weltanschauung scheitern musste. Und da sie das erkannten, blieb ihnen nur mehr eine Möglichkeit, zum Besseren zu wirken.« Die Stimme meines Bürgen wurde bei diesen Worten eindringlich.

Der Jüngere gespannt: »Und die wäre?«

»Wenn ich es dir nicht schon mehrmals gesagt hätte. Sie machten sich daran, bei sich selbst zu beginnen, an sich selbst zu arbeiten, sich selbst einigermaßen zu bessern. Sie begannen darüber nachzusinnen, ob es denn neben ihren normalen Pflichten, nämlich jener Pflichten, die jeder Mensch als solche anerkennt, nicht noch andere Pflichten geben könnte. Die zwar nicht so zwingend erscheinen mögen, aber dennoch notwendig sind. Du verstehst, was ich damit andeuten möchte?«

Der Jüngere verständnislos: »Andere Pflichten?«

»Ganz andere Pflichten, die sie als solche erkannten. Wonach sie dann auch handelten, in der Hoffnung, irgendwann auf Nachahmer zu stoßen. Und ich denke, nichts weiter wäre vorerst zu tun!«

»Seltsam, mit welch simplen Worten du die Freimaurerei erklären willst«, meinte der Jüngere. Und dann mit vielsagendem Seitenblick zu mir: »Begeh nur ja nicht den Fehler, deine Anschauung jüngeren, noch unerfahrenen Brüdern zugänglich zu machen. Für so eine anspruchslose, unelitäre Angelegenheit würden sich wohl kaum Mitstreiter finden. Außerdem glaube ich, dass du trotzdem unrecht hast, denn wozu bedürfte es für diese Arbeit an sich selbst eines gemeinsamen Rituals in einem abgeschlossenen Kreis? Könnte nicht jeder für sich, in aller Zurückgezogenheit, diese Arbeit wesentlich effizienter erledigen?

»Ja, gewiss, jeder könnte das für sich allein, in aller Stille, und es wäre damit tatsächlich ein erster Schritt zum Wohl der Menschheit gesetzt, wenn das auch bei weitem nicht genug wäre.«

»Wenn das auch nicht genug wäre? Wie soll ich das nun wieder verstehen?«, entgegnete der Jüngere ungläubig.

»Wenn sich beim Einzelnen einmal die Überzeugung durchgesetzt, sich dieser Weg für ihn als unverzichtbar herausgestellt hat, was wäre dann, so frage ich dich, wohl der nächste Schritt? Was müsste aus der einmal gewonnen Erkenntnis wohl folgen?«

Der Jüngere, ob dieser vermeintlichen Annäherung der Standpunkte erfreut: »Ja, gesetzt den Fall, dass die Überzeugung echt ist, so würde er darangehen, Mitstreiter für die gute Sache zu finden. Es darf also nicht bei dem ersten Schritt bleiben!«

»Richtig, denn er hat erkannt, dass die Arbeit an sich selbst wohl ein sehr einsames Geschäft bliebe, würde man es bei diesem ersten, wenn auch notwendigen Schritt bewenden lassen. Er hat erkannt, sollte die Arbeit für die Allgemeinheit von Nutzen sein, diese letztlich nur in einer Zusammenarbeit bestehen könne. Wiewohl ihm jedoch klar ist, dass erst einmal der erste Schritt getan werden muss!«

Dem anderen schien ein Licht aufzugehen: »Jetzt beginne ich dich zu verstehen, beginne zu begreifen, worin du den Zweck der Maurerei siehst: Ändere dich selbst, kehre vor deiner eigenen Tür, erziehe dich selbst einmal zu einem Mustermaurer, bevor du daran gehst, andere ändern und bessern zu wollen und nichts sonst wäre für uns zu tun. Eigentlich die einfachste Sache der Welt. Das meintest du doch?«

Dieser meinte das jedoch keinesfalls: »Ich muss dich leider enttäuschen: Denn wenn das alles für uns auch so logisch und schlüssig erscheinen mag, so ist es ganz gewiss nicht einfach. Auch wirst du doch nicht glauben, dass es mit dem zweiten Schritt, nämlich der Zusammenarbeit, schon abgetan sein kann, dass hier nicht noch ein weiterer, viel entscheidenderer, weitreichenderer Schritt folgen müsste?«

»Ich beginne mich allmählich über dich zu wundern mein Freund«, meinte der andere resignierend. »Es ist dir gelungen, mich zu überzeugen, dass der Mensch, wenn er Großes will, zunächst einmal darangehen muss, sein eigenes Haus in Ordnung zu bringen. Jetzt versuchst du mir jedoch weiszumachen, dass dies alles noch immer ungenügend ist und es hier noch was ganz Entscheidendes geben müsse. Hier kann und will ich dir nicht mehr folgen. Das wird mir denn doch zu fantastisch.«

Mich erinnerte das Gespräch ein wenig an Lessings Freimaurergespräche „Ernst und Falk“, die ich einst mit großem Interesse gelesen hatte. In bedeutungsvollem Ton fuhr mein Bürge fort: »Was ist daran fantastisch? Nimm dich selbst, deine

Unzufriedenheit an unserer Sache. Du musstest erkennen, dass sich durch die Arbeit einiger weniger Brüder nichts zum Besseren bewegt hat. Wir das zumindest noch nicht erkennen können. Sehe ich das richtig?«

»Das siehst du sehr richtig«, gab ihm der andere recht.

»Nimm die Großen der Vergangenheit«, fuhr mein Bürge fort, »sogenannte Wohltäter der Menschheit – ist denn in ihrem Leben bereits das eingetreten, wofür sie aus Überzeugung gekämpft hatten? Konnten nicht manchmal ganz andere, weniger engagierte Menschen ihre Saat ernten? Was waren aber dann die Beweggründe dieser Menschen, einen Baum zu pflanzen, in dessen Schatten es sich andere bequem machen durften, da ihnen selbst die Zeit dazu nicht mehr blieb? Vielleicht um sich selbst ein Denkmal zu setzen? Sich für die Nachwelt unsterblich zu machen?« Bei diesen Worten warf mir mein Bürge einen vielsagenden Blick zu, um dann fortzufahren: »Ich glaube das sicher nicht. Ich glaube vielmehr, sie taten all das aus ihrer innersten Überzeugung, weil sie nämlich gar nicht anders konnten! Mit einer Nachwelt hatten sie nichts im Sinn. „Unsterblichkeit" dürfte für sie kein Thema gewesen sein. Trotzdem hat das, was diese Menschen bewegten, über ihr Grab hinausgewirkt! Du verstehst, was ich damit andeuten will? Was also ist Freimaurerei? Was wollen Freimaurer?«

Die Lokaltür öffnete sich, und herein trat der Notar: »Ich begrüße die Promillenz!« Der jüngere Bruder mit dem Schnauzbart, von den tiefsinnigen Worten meines Bürgen offenbar berauscht und nun wie vom Donner gerührt, kippte angesichts des Lokalauftritts des Notars rittlings vom Barhocker. Der Notar mit vielsagendem Blick: „Lehrlinge!"

Eine kleine, feine Buchhandlung

Der Besitzer der Buchhandlung – ein Mann von kultivierter Erscheinung, ein wenig dandyhaft zwar, denn Beinkleidung und Schuhwerk waren immer von modernstem Stil. Obwohl an Jahren etwas jünger als ich, strahlte dieser doch eine gewisse Aura von Weisheit aus; jenes gelassene, jedoch niemals herablassende Über-den-Dingen-Stehen. Ein Mann, der dem Besucher augenblicklich das Gefühl vermittelt, als würde er ihn bereits freudig erwarten, stand ja das Begrüßungsglas mit Wein zumeist schon griffbereit.

War der Besuch beim Italiener nach der Montagsarbeit für mich bereits zum Ritual geworden, so war es ebenfalls für mich ein Muss, ja eine unabdingbare Notwendigkeit, meiner Lieblingsbuchhandlung bzw. meinem Freund, dem Buchhändler, vor jedem Logenbesuch meine Aufwartung zu machen. War dies einmal aus zeitlichen Gründen nicht möglich, so hatte ich diesem gegenüber fast ein schlechtes Gewissen.

Besagte Buchhandlung befindet sich unweit des Logenhauses und man findet hier einfach alles an einschlägiger Literatur, welche das Maurerherz höher schlagen lässt. Aber nicht nur das, es ist dies auch ein Ort der Kommunikation unter den Brüdern. Die meisten Freimaurer sind der Meinung, einander auch ohne jenen gewissen Händedruck zu erkennen, was hier denn wirklich zuzutreffen scheint, da ja ohnehin fast ausschließlich Freimaurer zugegen sind. Für mich, wie so viele andere Brüder auch, war es einfach zum Ritual geworden, vor der wöchentlichen Tempelarbeit diesen Ort aufzusuchen, um entweder in Büchern zu schmökern oder auch nur bei einem guten Gläschen Wein Gedankenaustausch unter Brüdern zu betreiben. Sich dann und wann Energie für die bevorstehende Arbeit zu holen, sich gleichsam darauf einzustimmen und vor allem mit neuem Wissen gegen die weniger belesenen Brüder zu wappnen.

Was mir manchmal anderswo an maurerischem Austausch fehlte, konnte ich hier finden. Hier konnte ich maurerische Luft atmen. Und vor allem, hier traf ich auf Menschen, mit denen ich meine Leidenschaft fürs Lesen teilen konnte. Meinen Bürgen hatte ich hier jedoch noch nie angetroffen, was aber nicht verwundert, gehören Kochbücher ja nicht gerade zur Literatur, die man hier vorfindet.

Wenn mir mal nach Profanerem und weniger Elitärem zumute war, so fanden sich hier immer wieder Brüder mit denen man auch gedanklichen Austausch über Krankheiten, Schmerzen und sonstige körperlichen Verschleißerscheinungen betreiben konnte. Wann immer ich auf meinem maurerischen Weg ins Wanken geriet, auf Irrwege gelangte – und dies war bei mir anfangs sehr oft der Fall – hier, an diesem Ort, jener Buchhandlung, fand sich ein Mensch, der mich wieder aufrichtete, mir in brüderlicher Liebe neue Wege aufzeigte.

Ich hatte mir bei den Freimaurern eine andere Art des Lesens angeeignet, die mich zielgerechter an das Wesentliche der Literatur heranführte. Ich hatte erkannt, dass dies nur möglich wäre, wenn man seinen Verstand von allen Vorurteilen befreite, man vorgefasste Meinungen beiseite ließ und gleichsam unbefangen und mit kindlicher Neugierde ans Lesen heranging. Diese Erkenntnis war jedoch zweifelsohne durch meine Freimaurerei gekommen.

Lessing war ein Dichter, der mich von Anbeginn an fesselte. War dieser, wie ich hörte, auch kein eifriger Logenbesucher, so hatte jedoch kein anderer Freimaurerdichter vor und nach ihm die maurerische Idee in dieser Klarheit und Reinheit zum Ausdruck gebracht oder war in der Lage, diese dem dafür empfänglichen Leser in dieser Eindringlichkeit zu vermitteln. Ob dies nun in seiner berühmten Parabel „Zu den drei Ringen“, seinem „Ernst und Falk“ oder der „Erziehung des Menschengeschlechtes“ geschah, ist einerlei. Nirgends sonst konnte ich diesen großen

Punkt der Maurerei so deutlich fühlen als bei Lessing. Jener große Punkt, der zu allen Zeiten nichts anderes sein konnte als der Humanitätsgedanke.

Schon vor meinem Eintritt in den Bund gelangte ich zu jenem berühmten Spätwerk Lessings, seinen Freimaurergesprächen „Ernst und Falk". Und selbstverständlich geschah dies in jener Buchhandlung. Mein Freund, der Buchhändler, unternahm damals keinerlei Versuch, mir diese für den „Uneingeweihten" doch einigermaßen schwierige Literatur etwa ausreden zu wollen, mir leichter Verdauliches zu empfehlen. Obwohl ich aus maurerischer Sicht damals völlig unbedarft und ahnungslos gelten konnte, fühlte ich bei dieser Lektüre jedoch instinktiv, dass ich hier etwas ganz Besonderes in meinen Händen hielt.

Hier war endlich einmal ein Schriftsteller, der sich des Themas Freimaurerei annahm, zu dem ich auf Anhieb Vertrauen fassen konnte. Ja, hier war ein Mensch, innerlich zerrissen zwar, wie ich annahm, dem ich mich verwandt fühlte. Trugen alle bisher von mir gelesenen Schriften über die Maurerei eher zu meiner Verwirrung bei und gaben mir keinerlei Aufschlüsse über ihr Wesen, so war dies bei Lessing grundsätzlich anders. Hier war es mir möglich, zwischen den Zeilen statt eines Phantoms eine wahre Gestalt zu erblicken. Es stellte sich mir die Frage, warum dieses Buch in Freimaurerkreisen immer noch nicht genügend Beachtung findet und von den wenigsten der Brüder wahrgenommen wird. Woher nahm aber gerade ich diese Treffsicherheit? Was war die Kernaussage jenes Buches, dass mich in weiterer Folge immer wieder beschäftigen sollte und nach dem ich immer wieder griff, wenn ich das Gefühl hatte, in die Irre zu gehen, in ein maurerisches Labyrinth geraten zu sein.

Es war die Feststellung Falks, dass das Wesen der Freimaurerei im gemeinschaftlichen Gefühl geistig verwandter Menschen begründet ist und nicht so sehr in ihrer äußeren Form. Man kann Logentreffen verhindern, indem man sie verbietet. In der

Vergangenheit ist dies ja tatsächlich immer wieder geschehen und in manchen Ländern geschieht es heute noch. Was man jedoch niemals verbieten konnte, war der maurerische Gedanke, da Gedanken bekanntlich frei sind. Dieser kann zur Not auch ohne äußere Formen und Versammlungen weiter bestehen. Er ist nicht gebunden an Zeit und Ort und kann durchaus auch in der vertrauten Atmosphäre einer Buchhandlung blühen und gedeihen.

Ich denke, Lessing wollte uns bei seinen Freimaurergesprächen einen Weg aufzeigen und bahnen, auf welchem es dem menschlichen Ich allmählich gelingen sollte, an der Entwicklung der sinnlich-übersinnlichen Menschheitsgeschichte selbstständig erkennend mitzuwirken. Einen Weg, welchen die Mysterienbünde zu allen Zeiten gegangen sind, dessen bin ich überzeugt. Denn stets hat es neben einer öffentlichen Kultur, an welcher alle teilhatten, eine geheime Kultur gegeben, an welcher man eben nur Eingeweihte teilhaben ließ. Offensichtlich hat es also zu allen Zeiten immer wieder Menschen gegeben, die in der Lage waren, über ihre Zeit hinauszublicken, welche die Übel ihrer Zeit erkannten, jene Übel nämlich, die wir so gerne resignierend als „notwendige Übel" bezeichnen.

Indem sie dies erkannten, machten sie sich auch sofort daran, diese Übel zu beseitigen oder zumindest den Versuch, diese in ihrer Auswirkung abzuschwächen. Darin sah Lessing offenbar die einzige Möglichkeit, die Menschheit – zwar in langsamen Schritten, so doch zielgerecht – zur Besinnung ihrer selbst zu bringen. Genau darin erblickte er das Wesen wahrer Freimaurerei. Das, was uns Menschen zwangsläufig trennen muss, was uns an einem friedlichen Zusammenleben hindert, hatte zu allen Zeiten immer wieder die gleichen Ursachen, wie etwa das zwischenstaatliche Politische, das innerpolitische Soziale sowie das dogmatische Religiöse. Man bedenke nur, wie viel von allem menschlichen Elend und Leid auch heute noch in dieser Tatsache begründet ist. Hier scheint der Mensch offenbar nur sehr schwer lernfähig zu sein.

Aufgabe der Freimaurerei war es daher seit jeher, bei diesem Aufeinanderprallen national-patriotischer Gesinnungen, der sozialen Unterschiede und dem sich daraus ergebenden Dünkel aber auch der religiösen Überzeugungen, das Trennende in seiner fatalen Auswirkung abzuschwächen, zu lindern und so Antipathie allmählich in Sympathie zu verwandeln. Den Brudergedanken im Menschen von weitem aufkeimen zu lassen.

Als geeignetes Mittel sah Lessing hier offenbar nur dies eine: unseren alltäglichen Intellektualismus, auf den wir so stolz sind, der all unsere Lebensbereiche durchdringt und so zu Dogmen und Vorurteilen führen muss, in ein schöpferisches Denken und Verstehen umzubilden. Den Menschen von seinen sich selbst angelegten geistigen Fesseln zu befreien. Ihm eine neue Dimension seiner selbst zu eröffnen oder zumindest den Weg dorthin aufzuzeigen. So sollte es dann, wenn auch in ferner Zukunft, der Menschheit vielleicht einmal möglich werden, Offenbarungswahrheiten in Wahrheiten der Vernunft und Glaubenssätze zu Ideen, also zu Gebilden produktiver Gedanklichkeit, zu verwandeln. Darin erblickte Lessing das Erlösende und Heilsame für die Menschheit. Eine notwendige Aufgabe also, kein eitles Philosophieren, welcher sich jedoch zurzeit nur die Besten und Weisesten unter uns freiwillig annehmen sollten. Trifft dies wirklich auf alle Maurer zu?

So denke ich, sah Lessing in der Freimaurerei eine Lebensform, ja Lebenskunst, die sich zielbewusst auf eine höhere Art des Menschseins schult, ein Wachsein auf sich selbst, ein Erkennen, das weit über traditionelle Begriffe wie Wirklichkeit, Wahrheit sowie Gut und Böse hinausgeht. Vielleicht sogar eine menschliche Existenz, die nur mehr vordergründig irdische Zwecke und Ziele anstrebt, und sich so in esoterisch aufgefasste Schöpfungszusammenhänge einfügt. Hier dürfte der vielgeschändete Begriff „Esoterik“ seine rechte Anwendung finden.

All dies erscheint mir jedoch in so weiter, fast unerreichbarer Ferne und es wäre schon viel erreicht, würde jeder von uns zunächst einmal nur in sich selbst diese zahllosen Widersprüche, diese vielen Ungereimtheiten seines Wesens, diese oft chaotischen Gefühle auffinden und verstehen zu versuchen. Diese tiefe Einsicht in sein eigenes Wesen, das ja nicht nur eine oder zwei, sondern unzählige Seiten hat, ist jedoch noch immer keine Gewähr für eine grundlegende Sinnesänderung. Wie viele unserer angelernten, sinnlosen Konventionen, die uns das bürgerliche Leben eben so auferlegt, wären hier nicht noch beiseite zu schaffen? Wie viel echten Erkennens bräuchte es dazu noch bei jedem Einzelnen von uns? Und selbst damit ist für die Allgemeinheit noch nicht allzu viel erreicht, die Welt um noch nichts besser geworden, wie man sich wohl denken kann.

Lessing ging hier jedoch noch viel weiter. Wenn man seine Ausführungen über die „Erziehung des Menschengeschlechtes" liest, so wird deutlich, dass er hier den Zustand höchster menschlicher Vollendung bereits vor Augen hatte. Dieses Licht in weiter Ferne vorauszuahnen glaubte. „In tausend, tausend Jahren ..."

Er spricht von der Zeit eines neuen, ewigen Evangeliums. Einer Zeit, wo der Mensch das Gute nicht mehr zu tun braucht, da er das Gute ist.

Und so denke ich, dass es dies ist, was Lessing unter „Wahrer Maurerei" versteht. Freimaurerei ist der Plan, sein Leben schöpferisch auszurichten, aber auch die Vorbereitung auf eine höhere Stufe des Menschseins. Niemals jedoch ein gewaltsames Eingreifen in die Menschheitsentwicklung. Dies kann jedoch nicht einer breiten, anonymen Masse, die ja noch nicht einmal diese Notwendigkeit erkannt hat, mit einem Mal von oben verordnet werden, denn dies würde ja wieder zwangsläufig zu neuen Dogmen führen. Es sollte daher in uns Menschen diese Erkenntnis überhaupt erst einmal geschaffen werden. Dieses Empfinden von weit her zu veranlassen, sein Aufkeimen zu begünstigen, Pflanzen zu versetzen, bejäten, beblatten, kann allein der Weg dorthin sein, niemals Zwangsbeglückung.

Wer waren die Menschen, die sich dieser höheren Aufgaben annahmen? Oder noch besser: Was waren ihre Taten? Können wir sie daran erkennen? Ich denke: nicht immer, da es sich auch um die zahllosen echten Taten jener „Namenlosen" – um die Kraft jedes echten Gefühls – handelt, von denen wir nichts wissen können, da diese niemals aufgeschrieben und so nicht für die Nachwelt aufbewahrt wurden. Sind sie deshalb für uns verloren? Sind sie nicht im „Buch des Lebens" ewig erhalten? Die Ewigkeit kennt keine Nachwelt!

Dass die „erzieherische" Arbeit, die von diesen Menschen geleistet wurde und wird, nur langsam voranschreiten, ja oftmals stagnieren wird, ist selbstverständlich. Immer wieder wurde die Menschheit durch Ereignisse wie etwa Kriege um Jahrzehnte und noch viel mehr zurückgeworfen. Das freimaurerische, geistige Reformwerk der Emanzipation der Menschheit kann auf diese Weise, wenn überhaupt, nur äußerst langsam realisiert werden. So wird für mich auch verständlich, dass Jahrhunderte, ja vielleicht sogar Jahrtausende vergehen können, ehe man sagen kann: »Das haben Freimaurer getan.«

Das Baustück

Jeder Lehrling hat früher oder später sein erstes Baustück zu halten. Nach einer gewissen Schonfrist, die man mir gewährte, war dann auch für mich der „große“ Augenblick gekommen. Die Brüder wollten sich von meinen maurerischen Fortschritten vergewissern. Man gab mir als Aufgabe das Baustück, mit dem sinnigen Titel: »Ich kenne nette Leute«, zu halten. Offenbar fühlten sich einige Brüder von dieser, von mir in der Vergangenheit oftmals verwendeten Floskel provoziert und wollten jetzt Genaueres von mir wissen: Wie meint der dies eigentlich?

Baustücke, Vorträge eines Bruders, wurden von Ignaz von Born, dem Stuhlmeister der Loge „Zur Wahren Eintracht“ um die Mitte des 18. Jahrhunderts zur geistigen Bereicherung der Brüder eingeführt. Man sah die Loge als Ort der Aufklärung und nicht als okkultistischen Verein und blickte bereits damals kritisch auf die in Freimaurerkreisen um sich greifende Geheimniskrämerei.

Da ich meine Profession Sänger war, dachten manche Brüder wohl: Hier verwechselt einer Loge mit Theater. Und ich hatte nun Gelegenheit, die Brüder eines Besseren zu belehren und ihnen meine Sichtweise der Maurerei näher zu bringen, die ich selbstverständlich nicht auf einen „Nette-Leute-Club“ beschränkt wissen wollte. Ich hatte zuvor ausreichend Gelegenheit zu beobachten, welche Fehler hier allgemein begangen werden, die da sind: die Aufmerksamkeit der Brüder allzu lange zu strapazieren, nämlich in überlangen, dozierenden Vorträgen belehrend auf sie einzuwirken oder ihnen angelesenes Wissen als das eigene verkaufen zu wollen. Freimaurer sind oft viel beschäftigte Männer und des Abends nicht mehr grenzenlos aufnahmefähig. Fühlen sie sich vom vortragenden Bruder nicht ernst genommen oder überfordert, kann es geschehen, dass sie sich durch Einschlafen dieser unerquicklichen Situation entziehen. Meine Brüder einzuschläfern war jedoch das Letzte, was ich wollte.

Das Thema „Nette Leute“ bereitete mir, wenn schon keine allzu große Freude, so doch wenigstens kein Unbehagen, denn nun konnte ich ja darangehen, meine Brüder eingehend unter die Lupe zu nehmen: zunächst einmal ein oberflächliches Bild dieser „netten Leute“ zu zeichnen. Genau das Bild nämlich, das sie offenbar von mir erwarteten. Denn warum sonst, stellten sie mir dieses „tiefsinnige“ Thema?

»Wer sind sie, die „Netten Leute“? Eine bunt zusammengewürfelte Auswahl lustiger, geistreicher Individualisten, sogenannte bunte Vögel, durchmischt von ein paar Langweilern, damit erstere ihre Zuhörerschaft haben? Eine lustige Runde also, die sich wöchentlich einmal zu einem geselligen Beisammensein, einschließlich einstündiger Laienaufführung zusammenfindet, um hernach cliquenweise in verschiedenste Lokale auszuschwirren und bei Bier und Wein den Abend philosophierend ausklingen zu lassen?«

Da ich an den Mienen meiner Brüder erkennen konnte, dass sie sich in ihrer Meinung über mich bestätigt fühlten, ging ich sogleich daran ihnen eine etwas ernsthaftere Definition von „netten Leuten“ zu bieten, die sie natürlich verwirren musste. Entsprach dies ja nicht ihren Erwartungen mir gegenüber:

»... oder ein Kreis von durchaus ernsthaften Männern aus verschiedensten Berufsrichtungen, mit verschiedensten Interessen und Weltanschauungen, alles zwar Individualisten, aber in einem großen Punkt miteinander verbunden? Verbunden auf Lebenszeit, durch eine gemeinsame Geistesrichtung, die sie über Generationen hinweg weiterzugeben trachten.«

Irritation in der Runde: Was meint er jetzt wirklich, stand in ihren Gesichtern geschrieben. Unbeeindruckt der Reaktionen begann ich in meinen Ausführungen fortzufahren: »Wenn man jedoch letztere meint, kann man dann aber so locker nur von „netten, lieben Leuten“ sprechen? Man kann es, aber man muss sich dann die Frage gefallen lassen: Wie meinst du das eigentlich? Als ich von netten Menschen sprach, meinte ich nicht jene „windigen Typen", die sich stets verstellt, mit aufgesetzter, oft bereits erstarrter Maske präsentieren – als kleines Beispiel sei angeführt: Politiker im Wahlkampf. Auch nicht jene mit Vorurteilen beladenen, aggressiven Besserwisser, die einen schon im profanen Leben oftmals bis zum Überdruss nerven, keine Wort- und Griffverkäufer, auch keine Vereinsmeier und Geheimniskrämer. Nein, all diese Sorten hoffte ich hier nie und nimmer anzutreffen!

Ich meinte damit harmonische Menschen, mit sich und der Welt in Einklang stehend, Menschen der Mitte, die in sich ruhen. Menschen, die ihr Selbst, ihr wahres Wesen gefunden haben, die wahrhaftig sind, die sich anderen weder überlegen noch unterlegen fühlen. Die sich über die Bindung an andere freuen, sich von gesellschaftlichem Rang nicht blenden lassen, aber auch keine Berührungsängste vor gesellschaftlicher Geringfügigkeit haben.

Jemanden nett zu finden, bedeutet jedoch nichts anderes, als einen oberflächlichen ersten Eindruck von jemandem zu haben. Man geht auf einen Menschen, den man nicht kennt, offen und vorurteilsfrei zu, und dieser Mensch kommt einem ebenso entgegen. Der erste Schritt ist getan, nicht mehr und nicht weniger.

Kann ich deshalb schon von „kennen" reden? Ich glaube: ganz sicher nicht! Jedoch ist eine äußerst wichtige Voraussetzung für eine wertvolle, menschliche Beziehung geschaffen. Man trifft sich öfter, man hat einander etwas zu sagen, zu geben. Spätestens ab diesem Zeitpunkt ist das Wort „nett" fehl am Platze. Hier ist eine Beziehung entstanden, von Mensch zu Mensch. Und durch die bessere Kenntnis des anderen können wir diesen nun mit differenzierteren Attributen belegen. Aus nett wird hilfsbereit, herzlich, klug, verlässlich, intelligent, humorvoll – in jedem Fall mehr als der oberflächliche Ersteindruck des netten Kerls.

Das Vertrauen ist hergestellt, man hat einen Menschen gewonnen. Ich bin in solchen Situationen ganz selten enttäuscht worden. Alles kommt, wie es kommt, und wie es kommt, so ist es richtig und gut. Mein erstes Gefühl, jemand „Netten" kennengelernt zu haben, hat mich selten betrogen. Und oft hat das Empfinden des „Nettseins" auch in weiterer Folge zu diesem eigenartigen Gleichklang, den man Harmonie nennt, geführt.

Es gibt auch hier Höhen und Tiefen, man geht darüber aber spielerisch hinweg. Man ist nie wirklich oder lange verstimmt. Das, was einen verbindet, bleibt stets das Stärkere.«

Eine Fehleinschätzung, die ich leider revidieren musste. Die Zukunft sollte mich eines Besseren belehren.

»Was aber machen wir bei Menschen, bei denen all dies nicht funktioniert? Wo die anfängliche Beurteilung des „Nettseins" nicht in eine harmonische Beziehung gemündet hat? Abhaken, vergessen, aus den Augen, aus dem Sinn? Im profanen Leben mag das noch hingehen, man kann nicht die ganze Welt umarmen. Jedoch hier, unter uns: Wie gehen wir mit diesem Problem um? Da man sich seine Brüder nicht aussuchen kann, könnte dies zum Problem werden.

All das, was bei einigen so spielerisch, so selbstverständlich gelingt, will bei anderen so überhaupt nicht glücken. Was ist zu tun? Eines ist sicher: den anderen können wir nicht ändern. Er ist so, wie er ist.

Wie sieht es aber mit uns selbst aus? Ist es möglich, Antipathie in Sympathie zu verwandeln? Ich denke, es muss möglich sein. Aber wie? Wenn aus Liebe Hass entstehen kann und aus Freundschaft Feindschaft, müsste dies doch auch im umgekehrten Sinne möglich sein.

„Erkenne dich selbst!" Was bedeutet das? Sich in die Tiefe seines eigenen Wesens zu versenken, Licht und Dunkel in sich selbst zu erkennen, mit sich selbst ins Reine zu kommen. Das zu sehen, was wir sind und auch das an uns zu erkennen, was wir so gerne verdrängen.

Könnte es etwa so sein, dass wir die dunkle Seite in uns, jenen dunklen Punkt also, den wir an uns selbst nicht wahrhaben wollen, da er nicht zu unserem Selbstbildnis passt, genau deshalb beim anderen umso mehr verachten? Denn beim anderen sind wir ja sehr wohl in der Lage, die finsteren Seiten zu erkennen. Wir glauben es zumindest. Unsere Augen sind fremden Fehlern gegenüber sehr scharf, den eigenen Fehlern gegenüber jedoch schwach. Ist das vielleicht mit ein Grund für unseren Unwillen, unsere Ungerechtigkeit bestimmten Menschen gegenüber? Weil uns das eigene Spiegelbild, das wir im anderen erkennen, in seiner Direktheit geradezu wehtut?

Und ist es nicht umgekehrt so, dass auch unsere Mitmenschen jene Seite unseres Selbsts, die wir so gerne ausblenden und verdrängen, unangenehm berührt, vielleicht sogar aggressiv macht, weil auch sie sich durch uns ungewollt im Spiegel sehen?

Die grenzenlose Geduld, die wir Menschen entgegenbringen, welche wir mögen oder gar lieben, lassen wir bei anderen Menschen vollkommen vermissen Wir messen mit zweierlei Maß.

Wenn wir als Gleiche unter Gleichen den Tempel betreten, einen Ort der Selbstbesinnung, sollten wir, falls uns dies gelingt, unsere profanen Vorurteile anderen Brüdern gegenüber vor der Logentür zurücklassen. Denn das, was wir gemeinsam zu erleben hoffen, sollte größer sein.

Was ist es, was uns so tief miteinander verbindet, dass das profane Wort „nett" geradezu deplatziert wirken muss? Ist es vielleicht das reine Menschsein? Ein Sich-Besinnen auf unsere wahre Natur, unsere wirkliche Bestimmung? Jenseits von zeitlichem Gehetztsein und örtlicher Gebundenheit?

„Ich kenne nette Leute"– Warum verwendet jemand diesen Satz so verräterisch oft? Wenn dieser Jemand dann auch noch vom Theater kommt, drängt sich ja förmlich der Verdacht auf, hier verwechselt einer Leben und Theater. Die Menschen in seiner Umgebung scheinen für ihn nur insofern von Interesse, als sie einen gewissen Unterhaltungswert besitzen. An einer tiefergehenden Auseinandersetzung mit anderen Menschen scheint er gänzlich uninteressiert.

Kann dieser so salopp dahingeworfene Satz jedoch nicht eine Unsicherheit bedeuten, die Angst, sich festlegen zu müssen, die Scheu davor, gewissen Menschen gegenüber eindeutig Stellung zu beziehen? Ihnen also gerade entgegenzutreten. Oder ist dieser fast schon verhängnisvolle Satz vielleicht nichts anderes als eine Verlegenheitsfloskel. Ein Satz, ausgesprochen von jemandem, der noch nicht wirklich in der Lage ist, sich gänzlich zu öffnen, dieses aber gerne täte?

Oder drückt dieses oft strapazierte Wort „nett" nichts anderes als ein großes Bedürfnis nach Harmonie aus, den Wunsch, Menschen grundsätzlich zunächst einmal nett, also positiv zu sehen?

Ich gestehe, dass ich in einer feindseligen Atmosphäre keinen Sinn in unserer gemeinsamen Arbeit sehen könnte. Genau eben das war es auch, das mich anfangs, lange vor meiner Aufnahme so beeindruckte. Was war geschehen?

Ich hatte Menschen kennengelernt, zwischen denen und mir in kürzester Zeit eine wunderschöne Beziehung entstand. Ein offenes Aufeinanderzugehen, eine Atmosphäre des Vertrauens, gegenseitiges Interesse am anderen, ein Sich-gleichwertig-Fühlen. Doch diese Menschen haben berechtigte Erwartungen, genauso wie ich ...

Gar mancher könnte die Bezeichnung „nett" als Oberflächlichkeit interpretieren, ein anderer könnte sich dadurch auch unglaublich provoziert fühlen. Es soll schließlich Menschen geben, die alles im Leben lieber wären als nett, denn nett wird in unserer dynamischen Zeit sehr oft mit naiv, dumm, ja gar untüchtig verwechselt.«

Die Brüder wollten sich von mir klarerweise nicht in nett oder nicht nett, in lustig oder langweilig, in geistreich oder dumm einteilen lassen. Sie erwarteten von mir, dem jungen Bruder, zumindest den Ansatz einer maurerischen Entwicklung, die nicht auf der Stufe „liebe, nette Menschen" halt machen durfte. Und dies war ihnen gewiss nicht zu verdenken. Ich setzte mit meinen Ausführungen fort:

»Der nüchtern denkende Verstandesmensch wird dazu tendieren, unsere Arbeit analytisch zu betrachten und zu versuchen, sie mit seinem Intellekt zu erfassen.

Der lebenslustige Gefühlsmensch, als der ich mich sehe, kann hier jedoch auch zu Recht eine Lebensfreundschaft vermuten. Die Verpflichtung, füreinander da zu sein, einander zu helfen ohne danach zu fragen: Was kommt zurück? Der schlichte, einfache Satz: Wie kann ich dir helfen? Drückt all das nicht auch das wahre Wesen einer echten, tiefen Freundschaft aus?

Was können die Brüder also von mir erwarten und was können sie von mir sicher nicht erwarten? Was man von mir sicher nicht erwarten kann, ist, mich in eine vorgegebene Denkschiene zwingen zu lassen. Denn Gedankenfreiheit muss für mich wie für alle anderen Brüder auch Gültigkeit besitzen.

Zu Recht darf man jedoch von mir eine einigermaßen ausgereifte Persönlichkeit erwarten, die bereit ist, an sich zu arbeiten, sich zu vervollkommnen und bemüht ist, sich in die Gruppe zu integrieren.

Einen Menschen also, der zu erkennen beginnt, dass die Arbeit an sich, an seinem Rauen Stein, eine nie endende sein wird und nichts anderes bedeutet als:

„Erkenne Dich selbst, werde, der Du bist!"«

Das Baustück fand großen Anklang. Die Brüder waren mit meinen Ausführungen hoch zufrieden und ich, so schien es, ein Vorurteil über meine Person ein für alle Mal los. Es versteht sich wohl von selbst, dass dieser denkwürdige Logenabend, wie könnte es auch anders sein, nur in dem italienischen Beisl, dem sogenannten „Freimaurerloch" enden konnte. Der Stuhlmeister zeigte sich, bei einem Gläschen Rotwein, von meinem Vortrag sichtlich angetan, aber auch erleichtert. Seine Miene ließ geradezu väterlichen Stolz erkennen. Offenbar hatte der arme Mann Schlimmstes befürchtet und konnte nun erleichtert aufatmen.

Mit der Zeit fand ich immer mehr Gefallen an diesen Vorträgen und die Brüder offenbar ebenfalls, da man mich immer öfter dazu einlud. War ich in der Vergangenheit darauf beschränkt, mich ausschließlich singender Weise auszudrücken, tat sich mir hier ein völlig neues Betätigungsfeld auf. Offenbar war ich bereits von einem typisch „maurerischen Virus" befallen: nämlich dem Drang, sich selbst gerne beim Reden zuzuhören.

Es war für mich anfangs eine Selbstverständlichkeit, meinem Freund, dem Buchhändler von jedem meiner Baustücke ein Exemplar zukommen zu lassen, mir seine Zustimmung zu holen und mich seines beifälligen Nickens zu vergewissern. Schon an der Art, wie sich dieser mit seinen feingliedrigen Händen über den Bart strich, war ersichtlich, ob meine Gedanken Anklang fanden oder schlichtweg Langeweile erregten.

Nach und nach bekam ich auch Einladungen von anderen Logen, wurde zum begehrten Gastredner und ließ mich auch nicht lange darum bitten.

Baustücksthemen kommen oftmals auf seltsame Art zustande: Es gibt dafür ein eigens gewähltes Gremium, das „Literarische Komitee", und ich selbst hatte lange Zeit die Ehre, einem solchen Gremium vorzustehen und wusste so aus leidvoller Erfahrung, dass man für fast jede, wenn auch noch so simple Anregung der Brüder dankbar war.

In einem schattigen Gastgarten richtete einst mein Bürge, damals mit der Auswahl der Vortragsthemen befasst, an mich die Frage: »Wann wird man Geselle?« Da dieser bekanntlich mir, aber auch sich selbst, jedes masonische Gespräch in Wirtshäusern untersagt hatte, war die Frage für mich einigermaßen verblüffend. Umso länger ließ dann auch meine Antwort auf sich warten, die da lautete: »Beim Eintritt in die Gesellenkette!« Mein Bürge nickte und meinte: »Wärst du bereit, zu diesem Thema ein Baustück zu halten?« Ich war bereit. Um aber sicher zu sein, nicht in die Irre zu gehen, konfrontierte ich einen Bruder meiner Nachbarloge mit eben der gleichen Frage: »Wann wird man Geselle?« Ohne zu zögern, kam dessen Antwort: »Bei uns nach einem Jahr!« »Hat sich hier ein Bruder zu viel oder ein anderer zu wenig oder gar nichts gedacht?«, war wiederum die Frage, die ich mir nun stellte.

Einer der Brüder, der seinen Wohnsitz in die Schweiz verlegt hatte, nahm dort in seiner Loge das Amt des Stuhlmeisters an. Da es sich bei dieser Bauhütte um eine sogenannte esoterische Loge handelte und besagter Bruder ein überzeugter Nicht-Esoteriker war, ergab sich für diesen daraus ein ernstes Problem. Als Stuhlmeister war er nämlich zugleich auch mit der Auswahl der Baustücke befasst und hatte jetzt die Aufgabe, seine Brüder über den Zeitraum eines ganzen Jahres mit esoterischen Themen zu versorgen. Ein schier hoffnungsloses Unterfangen für jemanden, der Esoterik bisher nur vom Hörensagen kannte, sollte man meinen. Nicht jedoch für unseren Stuhlmeister, denn dieser war, wenn schon kein Esoteriker, so durchaus ein einfallsreicher Kopf. Dieser reiste nämlich nach Wien, das er offenbar als die Wiege der Esoterik sah, besuchte seine alte Loge und hob alles, was er nur finden konnte an esoterischen Baustücken aus. Seine Schweizer Brüder konnten nun, aufgrund des Fleißes ihres Stuhlmeisters, unter einem Überangebot an esoterischen Themen wählen und emsig daran gehen, ihre grauen Zellen in Bewegung zu setzen.

Es gab Brüder unter den Wiener Maurern, die mit ihren Baustücken geradezu auf Verkaufstour gingen. Die mit ganzen Stößen ihrer geistigen Ergüsse, von Loge zu Loge wanderten und Hausierern gleich die Frage stellten: »Ich hätte hier wieder etwas

Interessantes, habt ihr vielleicht dafür Verwendung? Folgende Termine hätte ich noch frei ...«

Es gab auch die weniger fleißigen Brüder, die sich immer wieder erfolglos bitten ließen und einfach durch nichts zu bewegen waren, ihre Gedanken in Wort und Schrift den anderen Brüdern von Zeit zu Zeit näher zu bringen. Mein Bürge machte mir gegenüber einmal die resignierende Aussage: »Weißt du, ich bin es langsam leid, ständig Bittgesuche bei unseren Brüdern einreichen zu müssen. Ich werde in Zukunft nun darangehen, alle Baustücke selbst zu halten und zwar jede Woche dasselbe Thema.« Auf meine entsetzte Frage: »Aber doch nicht jede Woche dasselbe Thema«, erwiderte dieser nur lapidar: »Warum nicht? Es hört uns doch ohnehin niemand zu!«

Esoterik, oder was?

Ein Bruder aus den Hochgraden antwortete auf meine Frage: »Welch neue Erkenntnisse gewinnt man dort?« »Wissensvertiefung! Mit Esoterik hab ich aber nichts am Hut!« Wenn er mit Esoterik so gar nichts am Hut hat, fragte ich mich, was er dann vertiefen wolle?

Kein Wort ist unbestimmter und verworrener, als das, das die gesamte Maurerwelt seit jeher beschäftigte und gleichsam den Mittelpunkt all unserer Lehren ausmacht. Es scheint, dass das Wort „Esoterik", um das sich, wie man stets betont, alles, was wir in unserem Tempel vorfinden, dreht, längst seine ursprüngliche Bedeutung verloren hat und dasselbe Schicksal ähnlicher Wörter wie etwa Magie, Mystik, Transzendenz u.a. erleidet, nachdem das windige Geschwätz seichter Köpfe den letzten Geist aus ihnen heraus geblasen hatte und viele der besseren Autoren in Verlegenheit geraten, falls sie sich genötigt sehen, eines dieser „berüchtigten" Wörter zu verwenden.

Unser Ritual, unsere Symbole, Zeichen und Erkennungswörter, all das fällt schlicht und einfach unter den Begriff Esoterik: nach innen zu. In Buchhandlungen kann man ganze Regale an Literatur vorfinden, die sich mit diesem Thema befasst. Die Brüder nehmen das Wort Esoterik bei jeder passenden und unpassenden Gelegenheit in den Mund. Ein Wort, das ständig in unseren Tempeln präsent ist und jedes Gespräch an der „Weißen Tafel" dominiert.

Ist das jedoch wirklich Esoterik? Ich glaube ganz sicher nicht, denn was heute zumeist unter Esoterik verstanden wird, hat mit der ursprünglichen Bedeutung des Begriffes nichts mehr gemein. Das Wort Esoterik ist zu einem Modewort verkommen, sein ursprünglicher Sinn vergessen. Die maurerische Aufklärung hat aber durch das „böse Spiel", das mit diesem Worte getrieben wurde, mehr gelitten, als diejenigen ahnen können, die das Wort bei jeder Gelegenheit, ohne sich etwas besonderes – oder besser gesagt: ohne überhaupt etwas – zu denken, im Munde führen!

Es hat seit Menschengedenken esoterische Strömungen gegeben, die mit unserem Gedankengut in enger Verwandtschaft stehen, und zu denen man ebenfalls erst durch die Einweihung zugelassen wurde. Man gab sein Wissen jedoch niemals schriftlich, sondern ausschließlich mündlich weiter, zugelassen wurde nur der, den man nach einem strengen Prüfungsverfahren für fähig und würdig befunden hatte. Da man sich auch täuschen konnte, wurde dem Adepten strengstes Stillschweigen auferlegt. Das erlangte Wissen sollte unter keinen Umständen an Nichteingeweihte gelangen!

Was hat es mit dieser Geheimhaltung auf sich? Es versteht sich von selbst, dass es zu gewissen Zeiten überlebenswichtig war, Stillschweigen über die Einweihung zu bewahren. Kirche und Staat waren nicht bereit, geheime Zirkel neben sich zu dulden, standen diese doch in krassem Widerspruch zu den der Menschheit verordneten starren Dogmen. Es wurde jede geheime Verbindung misstrauisch beäugt und gnadenlos verfolgt.

Heute hat Geheimhaltung betreffend Ritual und Erkennungsmerkmalen ausschließlich traditionellen Wert. Es bedarf in unseren Breiten längst keines besonderen Mannesmutes mehr, Freimaurer zu sein. Wovor haben wir uns also zu schützen? Was ist der Grund, dass unsere Arbeit nach wie vor im geschlossenen Kreis zu geschehen hat, „gedeckt" gegen Nichteingeweihte? Was gibt es hier zu verraten, außer einem Philosophem, einer Theorie und Spekulation einzelner, die dieser, wenn sie klaren Sinnes wären, keine allzu große Bedeutung beimessen würden? Die Antwort ist denkbar simpel: Nichts, aber auch gar nichts gibt es zu verraten. Und der Grund liegt im Wesen der Esoterik selbst!

Esoterik ist die Möglichkeit, dem Nichterkennbaren eine symbolische Form der Erlebbarkeit zu verschaffen! Man denke nur an die Mythen: jene oftmals belächelten, wundervollen Ahnungen der menschlichen Seele. Um wie viel näher ist doch dieses Ahnen der Wahrheit als unser Verstandeswissen. Mythos ist weder Geschichte noch Wirklichkeit und lässt sich rational auch nicht beweisen. Nein, ganz im Gegenteil: Aller Mythos stirbt am geschichtlichen Wahrheitsbeweis! Symbole sind natürliche und spontane Erscheinungen. Man erfindet sie nicht. Niemand kann einem Gedanken, den er durch logische Überlegung gewonnen hat, eine symbolische Form geben. Das wäre auch völlig unsinnig, denn alles was durch Worte rational erklärbar ist, bedarf nicht der symbolischen Form. Das Wesen eines Symbols ist, dass es weit mehr enthält, als man auf den ersten Blick erkennen kann. Seine Wirkung beginnt, wo das gesprochene Wort an seine Grenzen stößt.

Es bleibt jedem überlassen, Symbole für sich selbst zu deuten. Wenn wir uns mit diesen Deutungen und Erklärungsversuchen aber vor anderen wichtig machen, sind wir im Irrtum. Hier geschehen jedoch immer wieder die seltsamsten Erklärungsversuche unserer Symbolik, wie: „Unser musivisches Pflaster bedeutet die guten und schlechten Tage in unserem Leben, die beiden Säulen J und B männliches und weibliches Prinzip", um nur zwei dieser vordergründigen Symboldeutungen zu nennen. Ja, vielleicht bedeuten sie all dies auch. Das Symbol lässt jedoch unzählige Erklärungen zu, so wie auch die menschliche Seele unzählige Facetten besitzt – und schon das Wort „Deutung" ist im eigentlichen Sinne fehl am Platz, erscheint mir deplatziert. Lassen uns alle diese Deutungen und fantastischen Mutmaßungen doch niemals den Geist erkennen, der hinter dem Symbol verborgen ist.

Wenn wir also den Sinn eines Symbols erfassen wollen, so denke ich, müssen wir wohl oder übel dieses Symbol selbst befragen und dies nicht über den Umweg, nämlich der Meinung eines anderen, versuchen.

Ein Bruder Lehrling ließ einmal anlässlich einer Vorbereitung mit der denkwürdigen Feststellung aufhorchen, der Raue

Stein sei für ihn das am leichtesten verständliche unserer Symbole: »Man sitzt davor, hämmert darauf los, dem Beispiel seiner Brüder folgend und nichts anderes ist zu tun.« Man hämmert also darauf los und wartet, was daraus entsteht, ohne eine Vorstellung vom Endresultat zu haben, so jedenfalls klang dies damals für mich. Man stelle sich einmal vor, würden alle Brüder diesem Beispiel folgen. Ein geklonter, geistiger und seelischer Einheitsbrei wäre wohl das Resultat.

Wenn manchmal, bezüglich des Begriffs „Esoterik" sowie unserer Symbolik, bei einigen Brüdern eine grenzenlose Einbildungskraft, bei anderen jedoch eine erschreckende Einfallsarmut zu erkennen ist, so gelange ich zum Schluss, dass erstere sich entweder zu viel, letztere sich aber zu wenig oder gar nichts dabei denken.

Vor einiger Zeit ist ein Hund in das Leben von meiner Frau und mir getreten. Es war der Hund meines leiblichen Bruders und dessen schwer krebskranker Frau. Die beiden waren durch diese Umstände nicht mehr in der Lage, den Hund weiter bei sich zu behalten und suchten verzweifelt nach einer Lösung für dieses Problem. Meine Frau und ich erklärten damals spontan, das Tier bei uns aufzunehmen, zumindest so lange, bis sich der Zustand der Frau meines Bruders besserte. Nun, dieses Tier hat zunächst alleine durch seine Anwesenheit unser Leben verändert. Da kinderlos, hatten wir nun die Aufgabe, für ein Lebewesen Verantwortung zu übernehmen. Ein positiver Nebenaspekt dabei war, dass ich nun auch zu mehr Bewegung an frischer Luft gezwungen war. Dies wirkte sich klarerweise wohltuend auf meine bereits angegriffene Gesundheit aus. Mittlerweile sind Jahre vergangen und die Frau meines Bruders ist, so scheint es, völlig genesen. Dieser kleine Hund, ein Spaniel, blieb weiterhin bis zu seinem Tod bei uns und wir dachten keine Sekunde daran, diesen wieder wegzugeben. Was ist die symbolische Aussage dieser kleinen

Geschichte? Dieser Hund war für mich und meine Frau zum Symbol geworden. Wann immer wir an ihn dachten, ihn ansahen, wurden wir an eine menschliche Tragödie und deren letztlich guten Ausgang erinnert – nämlich die meines Bruders und dessen todkranker Frau.

Ich konnte Einwände meiner Brüder hören: Was denn meine profane Geschichte mit der maurerischen Symbolik zu tun hätte? Und ich antworte ihnen: Sehr viel sogar, denn das Wesen eines Symbols bleibt immer das Gleiche. Die maurerische Symbolik bildet hier keine Ausnahme. Symbole haben eben keine Ähnlichkeit mit Gebots- und Verbotstafeln, wie manche der Brüder dies so gerne deuten möchten.

Manchmal begann ich am guten Zweck und den hehren Zielen unserer Sache zu zweifeln, die vordergründigen, blutleeren Erklärungen der Brüder waren mir einfach zu banal, wie etwa die: »Wir wollen uns selbst vervollkommnen! Wir bauen an einer besseren Welt!« Wer will das nicht?

Aber kann die Frage nach Sinn und Zweck der Maurerei im herkömmlichen Sinne überhaupt gestellt werden? Muss rein menschliche Bildung, wie etwa die Maurerei, überhaupt einen Zweck verfolgen oder ist sie nicht in sich selbst bereits Zweck genug? Den Menschen in seiner Ganzheit, seinem ureigensten Wesen zu fördern und zu bilden, ihm den Sinn seines Daseins vor Augen zu führen und ans Herz zu legen. Wer das einmal erkannt hat, fragt nicht mehr nach Sinn und Zweck! Und dies ungeachtet dessen, was immer auch andere aus der Maurerei machen wollen.

Wie aber kann man denkende Menschen, und nur um die geht es schließlich, die weder Netzwerke benötigen, ihre gesellschaftlichen Ambitionen auch anderswo ausleben können und nichts weniger im Leben mehr verachten als sinnlose Dinge zu tun, vom Sinn einer Institution wie der Maurerei überzeugen, ohne dafür klare allseits verständliche Argumente zu haben?

Denn wenn man sich nicht mit Adabeis umgeben will, muss man sich an denkende Menschen wenden. Diese haben jedoch berechtigte Erwartungen, und es ist ihnen nicht zuzumuten, sich mit mehr oder weniger guten Vorträgen sowie Riten und Symbolen die sie „noch" nicht verstehen können zufrieden zu geben und sich dafür auch noch vor der Öffentlichkeit abzuschließen!

»Die Maurerei, als Methode der Lebensbewältigung, von Menschen für Menschen erdacht«, so nannte es zumindest mein Stuhlmeister. Ist es wirklich so? Sogenannte Methoden der Lebensbewältigung gibt es unzählige. Der Mensch kann sein Leben auf vielerlei Art bewältigen und tut dies zumeist auch recht und schlecht. Oft sind gar nicht einmal wir es, die unser Leben bewältigen, sondern wir werden vom Leben geradezu überwältigt. Nicht wir nehmen unser Leben in die Hand, sondern das Leben hat uns in der Hand! Erst durch Niederlagen, Krankheiten und sonstige Verluste gelangen wir zur Besinnung unserer selbst. Lebensbewältigung geschieht oft auch auf Kosten anderer, sind doch viele von uns einem brutalen Überlebenskampf ausgesetzt.

Die profane Gesellschaft misst den einzelnen in der Regel nach einem allgemeinen Maß. Da in ihr vieles vom Konkurrenzdenken dominiert wird, hat sie klarerweise gar keine andere Wahl. Sie kann keine Rücksicht auf die individuellen Anlagen einzelner, ihre Lebensumstände und ihre Momentanverfassung nehmen. Sie anerkennt immer nur das Resultat. Wenn ich in meinem Beruf eine mangelhafte Leistung erbringe, so wird man mich nicht danach fragen: In welcher Verfassung warst du? Hast du private Probleme? Können wir dir vielleicht helfen? Nein, nichts dergleichen wird man tun, man wird meine ungenügende Leistung zwar zur Kenntnis nehmen, sich im selben Augenblick jedoch die angemessenen Konsequenzen überlegen. Die Konkurrenz wartet nicht, niemand ist unersetzlich, so unerbittlich ist eben das Leben.

Die Freimaurerei lässt jedoch in ihrem Innersten dieses Konkurrenzdenken nicht zu. Hier gelten andere Kriterien. Hier sind nicht so sehr Cleverness, Ehrgeiz, profane Tüchtigkeit oder gar Selbstverwirklichung gefragt. Nein, grundsätzlich andere Forderungen werden an den Freimaurer gestellt. Hier steht der Mensch einzig als „Mensch“ auf dem Prüfstand und nicht der clevere Kerl. Sehr oft werden wir vor die Wahl gestellt, entweder clever oder einfach nur weise zu handeln. Entscheiden wir uns für ersteres, sind wir clever, werden wir bald die sogenannten „Macher“, die es leider auch in der Maurerei gibt, an unsere Seite ziehen. Wollen wir jedoch „nur“ weise handeln, so müssen wir uns daran gewöhnen, oftmals allein zu stehen, Niederlagen zu erleiden und von anderen bestenfalls belächelt, wenn nicht gar geächtet zu werden. Nicht die Mächtigen, nein die Armen und Machtlosen werden unsere Freunde sein.

Alles, was wir als Freimaurer, nämlich als „Mensch“ leisten, kann daher niemals nach einem allgemeinen, sondern einzig nach unserem eigensten, ganz persönlichen Maß, unseren individuellen Möglichkeiten gemessen werden. Das Leben, der ewige Sinn, die Stimme in uns, wird uns umso klarer erkennen lassen, was wir aus unseren Anlagen gemacht oder was wir leichtsinnigerweise verspielt und versäumt haben.

Wenn wir unser Leben vor uns selbst rechtfertigen wollen, kommt es nicht auf ein objektives, allgemeines Resultat, sondern vielmehr darauf an, dass wir unser Wesen, das uns Mitgegebene, was uns einzigartig macht, in all unserem Tun so rein wie möglich zum Ausdruck bringen und letztlich wieder zurückgeben!

Unzählige Verführungen bringen uns immer wieder von diesem Weg ab. Die gefährlichste aller Verführungen ist aber diejenige, die von anderen fälschlicherweise sogar als „edel“ anerkannt wird: Wir folgen Vorbildern und Idealen, die wir niemals erreichen können und auch gar nicht sollten.

Im unreifen Kindesalter mag das noch angehen. Hier ist es sogar von Vorteil für unsere Weiterentwicklung, Wünsche und Träume zu haben, auch wenn diese noch so unrealistisch sind. Im reiferen Alter sollte man jedoch die Realität anerkennen, seine Energien auf das Machbare richten und sich von unrealistischen Träumen, Wünschen und Hoffnungen lösen.

In Stunden der Niedergeschlagenheit, aber auch der Wachsamkeit auf mich selbst, fühlte ich oft, dass es keinen Weg aus mir heraus und in einen anderen Menschen hinein geben kann, dass ich mit meinen eigenen Anlagen, Schwächen und Stärken mein Leben bewältigen muss. In solch seltenen Augenblicken gelangte ich zum Bewusstsein meiner Selbst. Es waren dies gleichsam Sternstunden, Momente des Erwachens, die mich dem Ziel näherbrachten!

Milchbrüder

„Freimaurer helfen einander" – eine alte Binsenweisheit, die vieles und auch nichts bedeuten kann. Ist die Forderung nach gegenseitiger Hilfe nicht ein Naturgesetz, das schon seit Urzeiten Menschen im Kampf gegen eine viel stärkere Umwelt zusammengeführt hatte? Ist dieser Trieb zur gegenseitigen Hilfe denn nicht auch im Tier vorhanden? Ist nicht alles, was wir heute an sozialen Strukturen vorfinden, genau auf diesen Urtrieb in uns zurückzuführen? Muss man Freimaurer werden, um dies zu erkennen? Selbstverständlich muss man dies nicht. Es könnte jedoch ein Grund mehr sein, es gerade auch deshalb zu wollen. Denn dieses Naturgesetz der gegenseitigen Hilfe ist tatsächlich in einer ganz besonderen Form auch das Gesetz der Freimaurerei geworden.

Der Dichter und Freimaurer Lessing drückt es mit den Worten „die Freimaurerei ist nichts Willkürliches, nichts Entbehrliches, sie ist im Wesen des Menschen und der menschlichen Gesellschaft begründet" so treffend aus. Gemeint ist: Wir Menschen müssen das Miteinander suchen, um uns so miteinander zu vervollkommnen. Und diese Forderung trifft in erhöhtem Ausmaße gerade auf Milchbrüder zu.

„Milchbrüder" – gemeinsam in den Bund aufgenommene Brüder – stellen in der Freimaurerei etwas ganz Besonderes dar, denn die Rezeption gemeinsam erlebt zu haben, sollte Menschen auf Lebzeit verbinden und bestimmend für die Qualität ihrer Beziehung, ja prägend für ihren weiteren maurerischen Weg sein. Es soll, so sagt man, jedoch auch anderes geben!

Wenn ich über „Milchbrüder" spreche, kann ich nicht umhin, meine Brüder Reinhard und Peter zu erwähnen. Zwei selten gute Jahrgänge, die zwar oberflächlich betrachtet unähnlicher nicht sein könnten: Reinhard, ärztlicher Leiter einer Gesundheitsorganisation und Peter, ein privater Manager. Aber in wesentlichen Dingen ähnelten die beiden einander. Es zeichnete sie eine geradezu selbstlose Hilfsbereitschaft aus. Auch Undank und Anfeindungen haben sie nicht daran gehindert, ihrer Einstellung treu zu bleiben und weiterhin für andere da zu sein. Jeder der beiden mit seinen individuellen Möglichkeiten. Dass die beiden jeweils drei Jahre lang das Amt des Stuhlmeisters innehatten und ich das Glück hatte, sie zu meinen besten Freunden zählen zu dürfen, darf nicht unerwähnt bleiben.

Auch bei meinem Milchbruder Christian und mir waren anfangs die Begriffe Freimaurerei und Freundschaft nicht voneinander zu trennen und bildeten eine Einheit, auch wenn wir von dieser Tatsache nicht viel Aufhebens machten. Was das Besondere an unserer Freundschaft ausmachte, war das Vertrauen und dieses Füreinanderdasein, wenn einer gebraucht wurde.

So wie Peter und Reinhard, war Christian einer jener Maurer, die zwar nicht so sehr an philosophischen Abhandlungen über Symbole interessiert waren, aber dafür die Gabe besaßen, das maurerische Gedankengut in ihrem täglichen Leben anwendbar zu machen. Offenbar hatten sie das Gelöbnis anlässlich ihrer Rezeption noch in Erinnerung. Es dürfte ihnen bewusst gewesen sein, dass sie sich nicht so sehr der Esoterik, jedoch umso mehr der Humanität verschrieben hatten!

Milchbrüder gehen die maurerischen Stufen gewöhnlich gemeinsam. Wird einer aufgrund von vielleicht renitentem Verhalten einer Lohnerhöhung noch nicht für würdig erachtet, so bleibt dem anderen wohl oder übel nichts übrig, als sich ebenfalls zu gedulden und auf seine Beförderung zu warten. Was für ehrgeizige Milchbrüder vielleicht zum Ärgernis werden könnte, stellte für Christian und mich jedoch nie ein Problem dar und führte niemals zu Spannungen. Für ihn, da er offenbar mit einem Übermaß an Toleranz gesegnet war, und für mich, da ich ja selbst zumeist der Stein des Anstoßes war.

Nahm sich mein Milchbruder auch wenig Zeit für überflüssige Dinge, wie etwa nächtelange Diskussionen in verrauchten Lokalen, so war er stets zur Stelle, wenn er wirklich gebraucht wurde. Und dies, wenn nötig, rund um die Uhr! Als ich einmal spät nachts, fatalerweise an einem Wochenende von entsetzlichen Zahnschmerzen gequält wurde, war es für meinen Bruder, im profanen Beruf Zahnarzt, eine Selbstverständlichkeit mir zu Hilfe zu eilen. Diese Hilfe ging jedoch über die normale zahnärztliche Versorgung weit hinaus.

Es war in einer Winternacht im Dezember. Ich saß beim offenen Kaminfeuer in meinem Wohnzimmer, vor mir eine Flasche Rotwein und in Händen ein Buch, für das zu lesen mir jedoch allmählich die Konzentration abhanden kam. Gesellschaft leistete mir einzig und alleine mein Hund, denn meine Frau war auf Besuch bei einem greisen Kabarettisten, in dessen Haus im südlichen Kalifornien. Im Hintergrund spielte leise Klaviermusik von Chopin und zu meiner melancholischen Grundstimmung gesellten sich auch noch unerträgliche, pochende Zahnschmerzen. Mitleid mit meiner Situation konnte mir jedoch nur mein Hund geben, denn dieser rückte nun immer näher zu mir und sah mich mit fragender Miene an, so als würde er das sich anbahnende Drama bereits erahnen. Hunde reagieren in gewissen Situationen wahrscheinlich sensibler als Menschen.

Ich, bei Schmerzen jeglicher Art ohnehin kein wahrer Held und an diesem Abend auch in einer psychisch äußerst labilen Verfassung, sah für mich ausnahmsweise einmal sofortigen Handlungsbedarf. Es bot sich mir jedoch keine andere Möglichkeit, als meinen Medikamentenschrank zu durchstöbern und fast alles, was mir an Medikamenten in die Finger kam, restlos zu vertilgen.

Dass diese Aktion jedoch beinahe einem kapitalen Selbstmord gleichkam, hätte auch ein nicht medizinisch vorgebildeter Mensch wie ich wissen müssen, doch mich störte dies damals nicht. Irrtümlicherweise kamen mir dabei auch noch die Herztabletten meines Hundes in die Hände, die ich fatalerweise mit Schmerztabletten verwechselte. Eine Medikamentenvergiftung war alsbald die Folge. Ich hatte Schweißausbrüche, Atemnot, Herzflattern und sonstige bedrohlichen Zustände. Ein Anruf bei meinem Freund und Milchbruder konnte hier Abhilfe schaffen. Dieser suchte mich zu bereits früher Morgenstunde in meiner Wohnung auf und erkannte alsbald das Problem, das sich natürlich nicht auf einen schmerzenden Zahn beschränkte. Als Arzt konnte ihm natürlich auch nicht entgangen sein, dass ich neben einer Überdosis an Medikamenten, eine mindestens so große Überdosis an Alkohol zu mir genommen hatte. Ohne mich diesen Verdacht jedoch wissen zu lassen, unternahm dieser sofort alles Menschenmögliche, meinen Zustand wieder zu stabilisieren, die akute Gefahr, die zweifellos bestand, zu bannen und den „Störenfried“, einen eitrigen Zahn, zu entfernen.

Man sollte glauben, dass die Gesinnung von Brüdern wie etwa Christian, Reinhard und Peter, diese selbstlose, beinahe selbstverständliche Hilfsbereitschaft – und ich war hier gewiss kein Einzelfall – andere anspornen müsste, ähnlich zu handeln. Dies war jedoch nicht der Fall. Einige fühlten sich von dieser Gesinnung dann und wann sogar provoziert, da sie sich dadurch klarerweise mit ihrem eigenen Unvermögen konfrontiert sahen. Und so konnte ich, diese Brüder betreffend, des Öfteren so kritische Sätze hören, wie: »Ja, sie sind zwar gute Menschen, aber sie ziehen leider Familie und Beruf der Maurerei vor!« Offenbar wendeten sie fürs Familienleben und ihre Arbeit mehr Zeit auf, als für die Brüder. Warum dies wohl so war?

Die Lohnerhöhung

Meinem Milchbruder und mir stand in Kürze ein festliches Ereignis bevor, denn man entschloss sich, uns sowie einen weiteren Lehrling, zwar spät aber doch, in den Gesellengrad zu befördern. Der Fachausdruck der Freimaurer für diese Erkenntnisstufe nennt sich „Lohnerhöhung". Worin aber besteht dieser Lohn?

Auch dieses Ereignis sollte mit einem Friedhofsbesuch beginnen. Allerdings nicht begleitet von meinem Bürgen, sondern von einem anderen, älteren Bruder Meister. Diesmal konnte ich jedoch keinerlei geistigen Zusammenhang zwischen Friedhof und Beförderung erkennen. Sollte nicht die Beförderung ein freudiges, ja geselliges Ereignis im Leben des jungen Freimaurers darstellen? Bedeutet doch Gesellenzeit symbolisch die Blütezeit im Leben eines Mannes. Die schönsten Mannesjahre, voll von Tatendrang. Die Zeit, wo man dem einsamen Grübeln über sich selbst entsagt und zur Tat schreiten darf. Was sollten hier Gedanken an den Tod?

Meinem Begleiter dürfte ähnliches in den Sinn gekommen sein, denn er besann sich eines Besseren und führte mich geradewegs zum nächstgelegenen Heurigen. Oder hatte er einfach nur meine Gedanken erraten? Wie auch immer, im Heurigenbesuch konnte auch ich eine angemessene Vorbereitung auf das abendliche Ereignis erkennen. Lässt sich Heurigenbesuch mit Geselle und Geselligkeit doch durchaus in Einklang bringen.

Später kam auch mir die Aufgabe zu, einen Bruder Lehrling auf seine bevorstehende Beförderung vorzubereiten. Dies geschah einmal in Schloss Rosenau, das man für das Ereignis der Beförderung auserwählt hatte. Da sowohl der mir anvertraute Bruder als auch ich die Nacht zuvor ausgiebigst gezecht hatten, verspürten wir beide keine allzu große Lust dieses Gespräch bei einem Spaziergang durch die Natur zu führen. Uns beiden war also nicht nach Frischluft, sondern eher nach feucht-schwüler Atmosphäre zumute. Wir zogen es daher vor, stattdessen die Sauna zu besuchen. Da wir hier die einzigen waren und so völlig ungestört, sprach nichts dagegen, diese Unterhaltung hier zu führen. Und so geschah es denn auch: Auf zwei Saunaliegen gebettet, sprachen wir über seine Lehrlingszeit, seine daraus gewonnenen Eindrücke und Erfahrungen, aber auch über seine Erwartungen in die Zukunft, nämlich die Gesellenzeit. Während unserer Unterhaltung hatte ich größte Mühe meine Augen offen zu halten, denn ich fühlte, wie meine Lider schwerer und schwerer wurden. Plötzlich konnte ich neben mir leise Schnarchtöne vernehmen, mein Schützling war eingeschlafen. Ich sah jedoch keinen Grund ihn zu wecken und beließ es dabei.

Meine unübliche Vorbereitung tat jedoch dem kommenden Erlebnis, der Beförderung meines Schützlings, keinerlei Abbruch. Dieser erinnerte sich immer wieder gerne an dieses Saunagespräch.

Doch zurück zu meiner eigener Beförderung. Dieser Abend sollte dann auch wirklich von einer freudigen Atmosphäre getragen sein, wären da nicht zu Beginn wieder einige lästigen Fragen an uns, die zu Befördernden: »Was hast du als Lehrling gelernt? Bist du ein Freimaurer? Wie weit, bist du in deiner Selbsterkenntnis vorangeschritten?«

Alles Fragen, die nicht so einfach zu beantworten waren. Legte man dabei zu viel an Selbstbewusstsein an den Tag, könnte dies leicht als Überheblichkeit ausgelegt werden, ist man dabei zu zaghaft, so könnten die Brüder dies als Unsicherheit auslegen. Eine Beförderung wäre in so einem Fall dann kaum gerechtfertigt. Ich zog es daher vor, aus diplomatischen Gründen einen Mittelweg zu wählen, wie es eben so meine Art war:

»Um die Selbsterkenntnis habe ich mich ehrlich bemüht, ich denke jedoch dass diese im Leben eines Menschen nie abgeschlossen sein kann. Ob ich ein Freimaurer bin, diese Frage zu beantworten, überlasse ich lieber meinen älteren, erfahreneren Brüdern.«

Auch diesmal ließ man uns, die Lehrlinge, Reisen machen, die man nun jedoch als Wanderungen bezeichnete. Wahrscheinlich, um fröhliche Geselligkeit aber auch unsere neue Selbstständigkeit hervorzuheben. Wanderer benötigen üblicherweise keinen Reiseführer. Mir war dies einerlei, denn durch ein chronisches Rückenleiden bedingt, stellten sich bei mir alsbald höllische Beinschmerzen ein. Es handelte sich bei mir, im Gegensatz zu meinen beiden Brüdern, nicht um ein zügiges Voranschreiten, sondern um ein Hinterher-Hinken. Als wir zu guter Letzt auch noch einen Kniefall zu machen hatten, war es der Vorbereitende Meister (mein Bürge), der mir wieder auf die Beine helfen musste, da dies aus eigener Kraft nicht gelang.

Dafür, dass ich das beste Mannesalter symbolisieren sollte, war ich in einer jämmerlichen körperlichen Verfassung und konnte das Mitleid in den Augen meiner Brüder deutlich erkennen. Wäre das Bild eines Hinkenden zum Zeitpunkt der Rezeption durchaus angebracht gewesen, da man in früheren Zeiten den Suchenden hinken ließ, so war dies bei der Beförderung fehl am Platz. Lag ich auch hier schon wieder in meiner Entwicklung weit zurück? Was als neuer Lebensabschnitt für mich beginnen sollte, wurde in Wahrheit für mich der Anfang eines langen Leidensweges.

Ich kämpfte mich mit zusammengebissenen Zähnen durch meine Wanderungen. Düstere Gedanken überkamen mich. Wie sollte dies alles weitergehen? Wie sollte ich in dieser körperlichen Verfassung meinen Sängerberuf weiter ausüben? Der Blick in den Spiegel tat dazu das seinige. Mein Spiegelbild? Nein, dies war gewiss nicht das Bild eines Maurers, wie es mir vorschwebte. Ungeheure Selbstzweifel überkamen mich.

Doch dann dieses Zeichen, diese unübersehbare Botschaft, ausgedrückt durch das zentrale Symbol des Gesellengrades: den

„Flammenden Stern". Und wieder war es einer dieser seltenen Augenblicke, die ich als Erwachen empfand, eine Erkenntnis, die jäh in mich einschoss. Eine Ahnung, mit welcher sich das Geheimnis des Lebens mir scheinbar offenbaren wollte. Wem dies, so wie mir, in dieser Eindringlichkeit passiert, der steht über dem Leid, auch wenn er leidet und über der Freude, auch wenn er sich freut. Denn er fühlt aus innerstem Erleben, dass beides zum Leben dazu gehört.

Mit einem Mal wurde mir bewusst, dass ich am richtigen Weg war, da ich das Ziel zumindest erahnen konnte und dass ich wanderte auf dem Weg dorthin: zum Wesen aller Dinge. Aus einer düsteren Grundstimmung heraus, einer Niedergeschlagenheit, konnte ich, so war es mir, bereits einen fahlen Lichtschimmer des herannahenden Tages erkennen.

Es war dies ein Erlebnis, das mir neuen Mut und neue Hoffnung gab. Ähnliche Empfindungen hatte ich des Öfteren auch beim Betrachten eines Sternenhimmels. An meinem Zweitwohnsitz, einer Wohnung direkt am Attersee, mit einem unvergleichlichen Seeblick, verbrachte ich oft mehrere Stunden bei Vollmond nur in der Betrachtung des unendlichen Universums:

Es machte sich in mir jedes Mal aufs Neue ein Gefühl der Ruhe und Sicherheit breit, etwas, was mich meine Sorgen und Ängste vergessen ließ und das mir Selbstbewusstsein, Größe und Hoffnung gab.

Ich erkannte: Lohnerhöhung bedeutet nichts anderes, als mit den an unserem Werk Arbeitenden in den geschlossenen Kreis treten zu dürfen. Sich mit ihnen auf einer Ebene zu befinden, als Gleicher unter Gleichen. Als Mensch, der zumindest die Bereitschaft erkennen lässt, im Nebenmenschen, in dem uns manchmal so fremd erscheinenden, den Menschenbruder zu sehen. Hinter dem bloßen Symbol die innere, ewige Wahrheit zu erkennen.

Gesellen- und Wanderjahre

Die Gesellenzeit symbolisiert gleichsam die schönsten Mannesjahre. Die Zeit im Leben eines Menschen, in der er sich am Höhepunkt seiner Leistungsfähigkeit weiß. Es ist die Zeit, die einem nur einmal im Leben gegeben ist. Denn alles, was man hier versäumt hat, ist unwiederbringlich verloren. Für den Gesellen bedeutet diese Zeit vordergründig, sich umzusehen, andere Logen zu besuchen, sich jedoch auch vermehrt in der eigenen Loge als tätiger Mensch zu erweisen. Was bedeutet dies alles jedoch für unser Leben? Haben doch viele von uns zu diesem Zeitpunkt ihre besten Mannesjahre bereits hinter sich, ihren Zenit überschritten und müssen sich mit einem Abstieg, einem Schwinden ihrer Kräfte abfinden. Viele Freimaurer-Gesellen nähern sich im profanen Leben bereits ihrer Pension oder haben diese schon erreicht. Was sollen ihnen Erkenntnisse über die längst vergangene Blütezeit ihres Lebens noch bringen?

Die meisten von uns beginnen ihre Freimaurerlaufbahn zu einem Zeitpunkt, wo sie ihr profanes Leben bereits einigermaßen bewältigt haben. Wo sie einen gewissen menschlichen Reifegrad erreicht haben und sich so freier, geistiger Arbeit hingeben können. Dies scheint für sie die rechte Zeit zu sein. Ich selbst begann meine maurerische Laufbahn im Alter von 45 Jahren. Ich näherte mich damals also bereits der Mitte meines Lebens. Im Alter von 47 Jahren, an meinem Geburtstag, wurde ich dann zum Gesellen befördert. Zufall? Oder wollten mir meine Brüder gar eine Geburtstagsfreude bereiten? Es war mir von Beginn an klar, dass ich für mein profanes Leben – Erfolg und Karriere – von der Maurerei nichts zu erwarten hatte und dies in Wahrheit auch gar nicht suchte. Meine Hoffnungen konnten diesbezüglich also niemals enttäuscht werden. Auch glaubte ich nicht, dass mir die Maurerei „Werkzeuge“ bieten könnte, die mir bei meinen Alltagsproblemen von Nutzen sein könnten.

Ich erkannte schon sehr früh, dass der Wert maurerischer Arbeit niemals an der eigenen Befindlichkeit und profanen Erfolgen zu messen, sondern auf einer ganz anderen Ebene zu suchen ist. Zumindest dies hatte ich einigen meiner Brüder voraus. Ich hatte aber auch gar keine andere Wahl, denn als Sänger konnte ich nicht mehr viel werden. Auch erlag ich nicht so naiven Erwartungen, wie hier automatisch ein besserer Mensch zu werden, ein wertvolleres Mitglied der Gesellschaft, ein angenehmerer Partner und besserer Kollege.

Da man mir immer wieder glaubhaft versicherte, dass die Maurerei diesseits- und nicht jenseits-orientiert ist, konnte ich klarerweise auch auf keinen besseren Platz im Jenseits hoffen. Auch hatte ich noch nie viel Verständnis für Menschen, die ihre Kräfte hier ruhen lassen, um sich auf besagten Platz im Jenseits vorzubereiten. Dies erschien mir stets als eine sehr unsichere Sache.

Wenn sich also in meinem profanen Leben keine spektakulären Veränderungen mehr erzielen lassen und die Hoffnung auf ein Leben nach dem Tod auch nicht gesichert erscheint, so dachte ich, könnte vielleicht der Sinn dieser Arbeit in einer Rückschau auf mein bisheriges Leben und dem damit verbundenen Blick in mein Innerstes, liegen. Ja, dies ergab für mich einen Sinn, kam dies doch einer gewissen Selbstanalyse gleich. Auch war ich damals bereits an einem Punkt meines Lebens angelangt, der von Selbstzweifeln und dem kritischen Hinterfragen des bisherigen Weges geprägt war, und dadurch auch offen für diese Idee einer Rückschau, jenem vermeintlich kreativen Innehalten am Weg. Es müsste doch möglich sein, im Vergangenen den Schlüssel für die Zukunft zu entdecken, aus Fehlern von Gestern Lösungen für das Heute zu finden, ohne dabei gleich in Selbstanklagen zu verfallen, so meine Gedanken.

Ich ließ daher mein Leben, wann immer mir dies möglich war, gleichsam wie einen Film vor mir selbst ablaufen. Es geschah dies in schlaflosen Nächten, beim Liegen an einem Strand, beim

Betrachten eines Sonnenuntergangs, beim Wandern durch eine Landschaft, aber auch bei Tätigkeiten, wo Konzentration auf andere Dinge durchaus gefragter wäre. Dass ich dadurch in die Gefahr geriet, zum Träumer zu werden und mich noch mehr von der Realität zu entfernen, war mir nicht bewusst.

Meine Reise in die Vergangenheit führte mich zurück in meine Kindheit, die ich zumindest aus damaliger Sicht als einigermaßen glücklich beschreiben konnte. War sie dies jedoch wirklich? Oder schien es mir nur so – aus einer, bedingt durch die Zeit, allzu verklärten Sichtweise? Wir waren drei Kinder und wuchsen in relativem Wohlstand auf. Zumindest empfanden wir dies immer so. Meine Reise führte mich in meine Jugend und Schulzeit, die ich ebenfalls als glücklich und unbeschwert, wenn auch nicht unbedingt als erfolgreich bezeichnen würde.

Es tauchten Erinnerungen an meine Berufsjahre als kaufmännischer Angestellter auf. Eine kurze Zeit zwar nur, die auch nicht gerade von Erfolg gekrönt, dafür umso mehr von Unbeschwertheit und Heiterkeit geprägt war. Da mir dieser Beruf so keine rechte Freude machen wollte, suchte ich durch lustige Einlagen während der Arbeitszeit meinen Frust abzubauen. Da schon damals ein guter Beobachter und Stimmenimitator, parodierte ich einfach meine Vorgesetzten und je höher angesiedelt, desto besser. Auch Direktoren blieben nicht verschont. Zu deren Ärger und zum Gaudium der Kollegen, wie man sehen wird.

Denn einen dieser Direktoren – den Personalchef – hatte ich besonders gut drauf. Ein kleiner, dicklicher, glatzköpfiger Herr, der auch nicht mit einem Übermaß an Humor ausgestattet war und dem ich schon die längste Zeit über ein Dorn im Auge war. Ich rief also mit verstellter Stimme im Namen des Personalchefs verschiedenste Mitarbeiter an, und bestellte diese zu ihm in sein Büro. Der Sekretärin jedoch, die in die ganze Sache eingeweiht war, gelang es dann jedes Mal, die Mitarbeiter rechtzeitig abzufangen und so das Schlimmste zu verhüten. Bis auf ein einziges Mal. Sie war gerade nicht da, der von mir angerufene Mitarbeiter konnte ungehindert zum Personalchef vordringen und der ganze Schwindel flog auf. Ich wurde sogleich zum Rapport zu jenem Personaldirektor bestellt: »Was erlauben Sie sich eigentlich, Mitarbeiter in meinem Namen herumzukommandieren?«

»Ja, ich wollte mich eigentlich nur im Imitieren von Stimmen üben«, parierte ich diesem Vorwurf gegenüber nicht sehr glaubwürdig.

Der Chef nun bereits mit einem leichten Anflug von Zornesröte: »Wenn Sie das wollen, dann gehen Sie zum Theater und stören mir hier nicht meinen Betrieb!«

Ich entgegnete, dass ich dies ohnehin vorhätte, was dann jedoch das Fass zum Überlaufen brachte.

»Ich glaube, Sie wollen mich zum Narren halten«, herrschte mich mein Vorgesetzter nun unwirsch an.

»Ja, sind Sie denn keiner?«, entgegnete ich in unschuldigem Ton.

Der Kopf des dicken Chefs drohte jetzt für eine Sekunde zu zerplatzen, wie von Sinnen brüllte er: »Wenn Sie glauben, Sie haben einen Schwachkopf vor sich, dann sind Sie bei mir gerade richtig!«

Damit war das Gespräch mit dem Personalchef und mein nur allzu kurzes Intermezzo in dieser Firma ein für alle Mal beendet.

Schon bald sah ich ein, dass der kaufmännische Beruf doch nicht der richtige Weg für mich sein dürfte und ich begann mit meinem Musikstudium. Die Entscheidung, Sänger werden zu wollen, stürzte mich jedoch in sehr jungen Jahren bereits in meine erste Lebenskrise. Hatte ich mir hier ganz einfach zu viel vorgenommen? Schwere Selbstzweifel, die dann in Depressionen mündeten, überkamen mich bald. Ich suchte schließlich ärztlichen Rat bei einem Therapeuten, der mich damals schon auf Zusammenhänge aufmerksam machte, die mir selbst jedoch erst viel später bewusst wurden. Er versuchte mir klar zu machen, dass eine Sängerkarriere vielleicht doch nicht der richtige Weg für mich wäre. All das konnte mich jedoch vom einmal gefassten Entschluss nicht abbringen, und ich absolvierte schließlich nach vielen Hochs und Tiefs mein Studium gar mit Auszeichnung. Obwohl ich glücklicherweise lange Zeit sehr gut vom Singen leben konnte, hatte ich es jedoch verabsäumt, für die Zeit danach entsprechend vorzusorgen.

Auf meinem Lebensweg hatte ich selbstverständlich auch mehrere Beziehungen zu Frauen. Zwei davon erscheinen mir erwähnenswert: Die erste war kurz, aber heftig und dauerte nur drei Jahre. Die zweite, mit meiner jetzigen Frau, dauert, zwar unterbrochen durch einige Jahre Ehe-Pausen, bis zum heutigen Tage an.

Als ich meine Vergangenheit so vor meinem inneren Auge vorüberziehen ließ, kam mir der zweifelnde Gedanke, welche Erkenntnisse ich daraus wohl gewinnen sollte: Gab es hier etwas, was ich nicht ohnehin schon wusste? Wozu also dieses Zurückschauen? Wozu dieses Wiederkäuen? Wo war die Lösung für die Zukunft, der Schlüssel?

Es wurde mir bald klar, dass es mit einer bloßen Rückschau längst nicht getan sein konnte, der Blick müsste viel weiter in die Tiefe gehen: Waren hier nicht sich ständig wiederholende Muster zu erkennen? Muster, die letztlich über Erfolg oder Misserfolg entscheidend sein können? Zum einen eine operettenhaft komische Sicht der eigenen Misserfolge – auch dann noch, wenn man sich bereits im freien Fall befindet. Die verhängnisvolle Neigung, über eigene Irrwege und Fehler lässig einen „Komödiantenstadel" breiten zu wollen, der ich nicht und nicht widerstehen konnte nachzugeben. Zum anderen ein durch nichts zu rechtfertigendes Minderwertigkeitsgefühl, das sich bereits wie ein roter Faden durch mein bisheriges Leben zog. Ein mangelndes Vertrauen auf eigene Fähigkeiten, das objektiv nicht zu begründen war. Zwei Charaktereigenschaften, die gemeinsam aber erst ihre fatale Wirkung ausbreiten, da die eine die andere überdeckt: die Selbstironie, die die Unsicherheit kaschiert.

Man könnte jetzt einwenden: Was haben all diese Jugendtorheiten mit der Freimaurerei und im Weiteren mit der Gesellenzeit zu tun? Sehr viel sogar, denn wir haben nur ein Leben, können daher nicht an einem Tag Freimaurer und den übrigen Tagen Ehepartner, Freund, Berufs- und Sportskollege sein und für jede dieser Rollen ein anderes Wesen anlegen. Man bleibt immer ein und derselbe Mensch. Ändern wird sich lediglich, dem gegebenen Anlass entsprechend, unser äußerliches Verhalten, das Grundmuster jedoch – unsere individuelle Einstellung, nach der wir in allen Lebensbereichen handeln – bleibt immer das gleiche.

Wer im Berufsleben ein unsicherer Mensch ist, wird dies selbstverständlich auch in der Loge sein. Wer auf dem Fußballplatz unfair ist, wird dies seinen Brüdern gegenüber ebenfalls sein und wer am Arbeitsplatz aggressiv, zynisch und selbstherrlich ist, wird dies auch in der Loge nicht zur Gänze verbergen können. Die Freimaurerei ist eben keine Betätigung, der man neben seinen profanen Pflichten so ganz nebenbei nachgeht. Sie ist nicht getrennt vom alltäglichen Leben zu sehen, sonst wäre sie nämlich wirkungslos.

Wer sich dessen jedoch nicht bewusst ist, in seiner Selbstanalyse ausschließlich an der Oberfläche fischt und nicht genügend Tiefgang erreicht, Maurerei bloß als philosophisches Gedankenspiel betreibt, wird niemals zu jener notwendigen Sinnesänderung gelangen. Seine ganze Maurerarbeit wird darauf beschränkt bleiben, bestenfalls den äußeren Verputz verschönert zu haben!

Auch sollte man wissen, dass Selbsterkenntnis niemals bloß als Selbstbetrachtung verstanden werden darf. An seinen Handlungen jedoch könnte man sich augenblicklich selbst erkennen. Daran, ob und wie man seine Pflichten erfüllt, würde man sogleich merken, was an einem wirklich dran ist!

Ich hatte, vermutlich aus Unsicherheit, bei brüderlichen Gesprächen oft Hemmungen, Gedanken, die mich bewegten, klar und allseits verständlich zum Ausdruck zu bringen. Aus dieser Scheu heraus flüchtete ich oft in einen, meine Brüder irritierenden, unangemessenen Sarkasmus. Warum: Ich versuchte, wenn auch unbewusst, meine Unsicherheit mit gespielter Lockerheit zu überdecken. So auch anlässlich des Hearings vor meiner Aufnahme: »Ist Freimaurerei Psychotherapie?«, so die durchaus ernst gemeinte Frage eines der Prüfer. Meine süffisante Antwort: »Dann wären aber alle hier Anwesenden psychisch krank!«

Schon in meiner beginnenden Sängerlaufbahn konnte ich nicht von diesem Sarkasmus lassen. Nach einem erfolglosen Vorsingen bemerkte der Intendant bedauernd: »Ich danke Ihnen für das Vorsingen, leider haben wir derzeit keine Verwendung für Sie. Vielleicht ein anderes Mal.« Meine Antwort kam blitzartig und ungerührt vom traurigen Ausgang dieses Vorsingens: »Das sollte Ihnen auch leid tun, denn so billig bekommen Sie mich nicht mehr!«

Wie ist es also möglich, dass Menschen wie ich, die die Mitte ihres Lebens fast schon erreicht hatten, durch ihr Gesellendasein symbolisch wieder in die schönsten Mannesjahre zurückversetzt werden sollen? Und ich war hier ja nur einer von vielen dieser physisch überreifen Brüder. Man sagt, dass ein Lehrling im Alter von 81 Jahren hier einen bis jetzt unerreichten Rekord aufgestellt hatte.

Die Erklärung liegt im Wesen der Maurerei begründet: Die Freimaurerei ist ein geistiger Weg. Es gibt Menschen, die auch im hohen Alter geistig jung geblieben sind. Aber auch Vierzig- und Fünfzigjährige, die bereits geistig vergreist sind, die nur noch ein Interesse haben, nämlich ihre Pension. Nun, zu dieser Sorte Mensch zählte ich ganz gewiss nicht. Der Grund: Um meine Zukunft machte ich mir niemals außerordentliche Gedanken und Sorgen. Diese sah ich immer in weiter Ferne.

Die Freimaurerei – unsere Freimaurerei – beginnt zum Zeitpunkt eines Sinneswandels in uns und nicht bereits mit der Aufnahme in den Bund! Sie endet, wenn wir unsere Werkzeuge für immer aus den Händen legen – mit dem Tod. Die Zeitspanne dazwischen ist „unsere" Freimaurerei. So ist es auch völlig unerheblich, in welchem Alter man mit dieser besonderen Arbeit beginnt. Wesentlich ist, dass man überhaupt beginnt. Es ist auch einerlei, wie viele Irrwege man dabei zurücklegt, denn nur wer sich bewegt, kann auch in die Irre gehen. Nicht bewegen bedeutet jedoch den geistigen Tod! In diesem Sinne soll auch der berühmte, vielzitierte und oft falsch verstandene Sinnspruch gedeutet werden: „Der Weg ist das Ziel!"

Wenn man auf seinem geistigen Weg auch zu einer humaneren Einstellung gelangt, so ist dies nicht der Endzweck, sondern „nur" eine Begleiterscheinung auf diesem Weg. Nicht alle Brüder teilten diese Auffassung. Waren sie doch der Meinung, dass jeder durch die maurerische Arbeit automatisch auch zum besseren Menschen wird und der noch so hoffnungslos „Raue Stein" irgendwann einmal zum Edelstein mutiert. Ja gewiss, man kann seine Anlagen hier verfeinern, veredeln. Die maurerische Gesinnung muss jedoch bereits beim Suchenden klar erkennbar sein.

Auch kann es auf dem einmal eingeschlagenen Weg keine Umkehr mehr geben. Die Einweihung, die ich erfahren und erlebt hatte, war nicht mehr ungeschehen zu machen: „Einmal Freimaurer, immer Freimaurer!" So musste ich wohl oder übel meinen Weg auf diesem schmalen, steinigen Grat der Menschwerdung fortsetzen. Ich hatte keine andere Wahl mehr, denn die Umkehr war mir verbaut.

Gewiss hatte ich Fortschritte in der Selbsterkenntnis gemacht. Und durch diese bessere Kenntnis meiner selbst, begann ich auch, meine Brüder in einem anderen Licht zu sehen. Meine Einstellung zu anderen Menschen begann sich zu wandeln. Doch es gab Rückschläge: Ich musste leidvoll erkennen, dass mein Weg ganz und gar nicht gerade verlaufen wollte; mir immer wieder fatale Mängel in meiner Selbsteinschätzung unterliefen; ich mich bei der Betrachtung meiner Mitmenschen bei längst überwunden geglaubten Vorurteilen ertappte. Ich stellte schließlich resignierend fest: Ein Sinneswandel ist in weiter Ferne.

Jeder junge Maurer wird früher oder später Brüder in seiner Loge finden, zu denen er ein besonderes Vertrauen aufbaut, in denen er gleichsam Leitfiguren erkennt und deren Rat er auch gern in Anspruch nimmt. Dies ist von ungeheurer Wichtigkeit, denn nur im Maßnehmen am Nebenmenschen, dem sich gegenseitig Austauschen liegt der wahre Erfolg maurerischen Arbeitens. Freimaurer sind keine Einzelgänger und Eremiten. Aber auch hier ist Vorsicht geboten, und letztlich entscheidend über die Größe unseres Vertrauens anderen gegenüber sollte immer die eigene innere Stimme bleiben. Dieser „unbestechliche Führer" in einem selbst.

Sich diese Erkenntnis zu eigen zu machen, ist in verstärktem Maße die Aufgabe des Gesellen. Von ihm darf man erwarten, dass er auch seinen Mitmenschen gegenüber einen klareren, ungetrübteren Blick bekommen hat, sich vom äußeren Schein nicht mehr blenden lässt. Wie viele aber laufen aus Unsicherheit oder vorauseilendem Gehorsam der Meinung anderer blind hinterher? Wie viele schließen sich aus purer Bequemlichkeit anderen Menschen an? Wie oft ist man geneigt, Menschen seine Zuwendung zu schenken, weil sie einem schmeicheln, einem Dinge bestätigen, die man in seiner Eitelkeit und Selbstüberschätzung gerne hört und glaubt, durch dieses „Speichellecken" in seiner Persönlichkeit aufgewertet zu werden? Hier ist fast jeder verführbar. Wie viele umgeben sich mit Schmeichlern, weil sie glauben, sich so die Selbstprüfung, die alleine sie noch retten könnte, sparen zu können? Und ich muss gestehen, diesbezüglich stets anfällig gewesen zu sein:

Schon in meiner Studentenzeit neigte ich dazu, mich mit Menschen zu umgeben und deren Meinung einzuholen, die mich in der eigenen Kritiklosigkeit bestärkten. Mein Hauptinteresse galt stets jenen Menschen, die meine künstlerischen Qualitäten beschönigten und mir angenehme Dinge sagten. Auch waren es immer die gleichen Freunde, mit denen ich mich nur allzu gern umgab. Menschen, die so wie ich einem äußerst lockeren Bohemienleben zusprachen. Doch dann und wann wurde man auch mal auf den Boden der Realität zurückgeholt, wie einst von einem weltberühmten Opernsänger.

Im Alter von zwanzig Jahren und voll von Selbstbewusstsein und Tatendrang suchte ich um einen Vorsingtermin bei einem Wiener Kammersänger – auch späterer Staatsoperndirektor – an. Bezüglich meiner sängerischen Begabung hatte ich ja keine Zweifel, ich wollte diese nur noch von einem prominenten Künstler bestätigt wissen. Es kam jedoch anders als erwartet.

Ich hatte mich an einem der nächsten Tage am späten Vormittag bei besagtem Kammersänger in dessen Döblinger Villa einzufinden. Eine halbe Stunde zu spät, ohne irgendein Notenmaterial, denn ich hatte ja meine Stimme, erschien ich dann bei besagtem Herrn.

Ich: »Entschuldigen Sie, ich habe mich etwas verspätet.«
Er: »Das habe ich bereits bemerkt, aber ich bin nicht so pressiert. Was wollen Sie mir vorsingen?«
Ich: »Ja, vorsingen wollte ich eigentlich gar nichts, ich wollte nur, dass Sie meine Stimme testen.
Er: »Ja, wie soll ich denn Ihre Stimme testen, wenn Sie nicht singen? Haben Sie denn keine Noten mit?«
Ich: »Nein, wer sollte mich denn auch am Klavier begleiten?«
Er: »Ich kann Sie doch begleiten und ich habe auch Noten hier. Nennen Sie mir nur ein Lied, was Sie singen können.«

Dies war nun eine Situation, welche mich zum ersten Mal leicht beunruhigte, fiel mir doch, da auf dieses Ansinnen völlig unvorbereitet, gerade kein Lied ein. Ich begann also angestrengt nachzusinnen: »Ein Schubertlied mit dem Titel „Im Morgenrot"«, stammelte ich zerstreut hervor. Der Kammersänger, welcher diesen Liedtitel offensichtlich zum ersten Mal in seinem Leben hörte, begann jetzt in seinen zahlreichen Schubertbänden nach diesem Titel zu suchen, aber erfolglos.
Er: »„Im Morgenrot", das finde ich nicht, aber „im Abendrot", das hätte ich da!«
Ich: »Ja richtig, es lautet im „Abendrot"«.

Der Kammersänger, zu Recht bereits leicht irritiert, griff nun eindrucksvoll und lautstark in die Tasten und begann mit dem Vorspiel des Liedes und ich, nun nicht mehr ganz so selbstsicher, begann mit leiser, zaghafter Stimme zu singen. Nach einiger Zeit dröhnte die nun schon etwas unwillige Stimme des Kammersängers.
Er: »Ich höre nichts, singen Sie überhaupt?«
Ich: »Ja, selbstverständlich«
Er: »Das nennen Sie singen, Sie säuseln doch nur!«

Nun, diesen Vorwurf des Säuselns konnte ich nun wirklich nicht auf mir sitzen lassen und ich begann belehrend auf den Kammersänger einzuwirken, dass es auch auf der Bühne Stimmen gebe, die ihr Volumen erst im großen Raum entfalten. Doch dieser ließ meinen Einwand einfach nicht gelten.
Er: »Ja, es gibt große und kleine Stimmen, aber Sie singen ja nicht, ich höre Sie ja nicht einmal im Zimmer. Wie soll denn das in einem Opernhaus zu hören sein?«
Ich war nun der Auseinandersetzung langsam müde. Da der Mann von meiner Stimme offensichtlich nur wenig zu halten schien, so sollte er mir wenigsten Auskunft über meine Musikalität erteilen.
Ich: »Können Sie wenigstens meine Musikalität beurteilen?«
Er: »Über Ihre Musikalität kann ich auch kein Urteil abgeben, da ich Sie nicht höre!«

Als ich – bereits Mitglied der Wiener Staatsoper – diesem leider viel zu früh verstorbenem Mann Jahrzehnte später in der Kantine dieses Opernhauses dann und wann begegnete, hatte dieser offenbar in Erinnerung jenes Vorsingens, stets ein amüsiertes Lächeln für mich bereit. So als würde er mich fragen: »Singen Sie schon lauter?«

Knapp ein Jahr später sollte es der Vizedirektor der Wiener Staatsoper sein, der mich etwas unsanft in die Wirklichkeit zurückholte: Ich, vom vorangegangenen Vorsingen bei jenem Kammersänger kaum geläutert, gerade ein Jahr mehr oder weniger ernsthaftes Gesangsstudium hinter mir, meldete mich entgegen dem dringenden Abraten meiner Gesangspädagogin bei besagtem Vizedirektor jenes ehrwürdigen Opernhauses zum Vorsingen.

Der Vizedirektor, aufgrund meines Alters skeptisch: »Sag Bub, bist du überhaupt schon reif für ein Vorsingen an unserem Haus? Du weißt doch, wer alles hier bei uns singt!«

Ich wusste dies, trotzdem entgegnete ich selbstsicher: »Ich denke schon!«

Der Vizedirektor bemühte sich nun um den besten Klavierbegleiter, den er im Haus auftreiben konnte, denn er wollte mir offenbar die besten Voraussetzungen für dieses Vorsingen bieten. Doch auch der Begleiter war angesichts meiner Jugend etwas skeptisch: »Sind Sie denn gesanglich schon so weit? Wie lange lernen Sie denn eigentlich?«

Ich ließ nun in forschem Ton durchblicken, dass ich eigentlich zu einem Vorsingen und nicht zu einem Vorsprechen gekommen wäre, und nun endlich mit meiner ersten Arie beginnen wolle. Darauf griff der Pianist in die Tasten und begann eindrucksvoll mit den Anfangstakten der „Champagnerarie“ aus W. A. Mozarts Oper „Don Giovanni“, die ich mir, mutig genug, als erste Vorsingnummer auserwählt hatte. Nun, zu einer zweiten Nummer sollte es jedoch nicht mehr kommen, wie man bald sehen konnte.

Ich, eben noch forsch und selbstsicher, stieg bereits nach den ersten paar Takten dieser „zungenbrecherischen“ Arie, die in einem Höllentempo vorgetragen wird, aus und blieb mit meinem Gesang weit hinter der rasanten, brillanten Begleitung des Pianisten zurück. Der Pianist, etwas ratlos, brach daraufhin sein Spiel ab. Pianist und Vizedirektor sahen sich wortlos und offensichtlich peinlich berührt in die Augen und eine unheimliche, fast gespenstige Stille breitete sich im Zuschauerraum der Oper aus. Der Erste, der wieder seine Sprache fand, war der Pianist: »Ich denke, der junge Mann ist noch nicht so weit!«

Damit schien das Vorsingen für mich gelaufen, was ich jedoch nicht so widerspruchslos zur Kenntnis nehmen wollte. Mir fiel ein, dass es am Wiener Opernhaus einen ehemaligen Fernsehsprecher gibt, der in meinen Augen ebenfalls keine gesangliche Offenbarung war. Und so argumentierte ich auch in diesem Sinne: »Entschuldigen Sie, aber es singt doch hier am Haus ein gewisser Hans ... Andersen, der ebenfalls, wie man leider zu oft hören kann, keine großartige Gesangsausbildung genossen hat!«

Die Antwort des Vizedirektors kam knapp und unmissverständlich: »Ein zweiter Hans ... Andersen kommt mir nicht mehr ins Haus!«

Der Geselle ist aufgefordert, sich auf die Wanderschaft zu begeben, sprich: möglichst viele der anderen Logen zu besuchen. Also begab auch ich mich auf die Wanderschaft. Ich empfand dies als eine gute Einrichtung, die einem dazu diente, sich vor Betriebsblindheit und Einseitigkeit zu bewahren. Und wenn der Nutzen nur darin bestand, zu erkennen, dass andere Logen eben auch nur mit Wasser kochten, so war mir dies auch recht. Ich fand es daher ratsam, so oft es meine Zeit erlaubte, von der Möglichkeit des Wanderns Gebrauch zu machen. Daraus ergaben sich für mich manchmal durchaus wertvolle Erkenntnisse.

Anlässlich einer solchen Wanderung wurden in der von mir besuchten Bauhütte Lessings Freimaurergespräche „Ernst und Falk" von zwei Brüdern vorgetragen. Dies war nun eine Gelegenheit, die ich mir nicht entgehen lassen konnte und wollte, denn zu diesem Thema hatte ich nun wirklich etwas beizutragen. Ich konnte es also kaum mehr erwarten, dass die eigentliche Logenarbeit beendet war und es zur Diskussion an die „Weiße Tafel" ging.

Hier konnte ich jedoch zu meiner heimlichen Schadenfreude feststellen, dass kaum einer der Brüder diese Gespräche jemals gelesen hatte und sich eine fruchtbare Diskussion, aus Mangel an Wissen, nur schwerlich einstellen würde können. Hier konnte ich klarerweise Abhilfe schaffen, kannte ich diese Gespräche ja bereits fast auswendig. Ich hatte nun die einmalige Chance als „Retter in der Not" aufzutreten. Einer der vortragenden Brüder war mir dafür dankbar und es entstand über weite Strecken ausschließlich ein Zwiegespräch zwischen diesem und mir.

Die anderen Brüder waren jedoch nach einer gewissen Zeit, von dieser doch etwas einseitigen Diskussion bereits leicht irritiert, was mich jedoch nicht im Geringsten störte. Unbeirrt der bereits fortgeschrittenen Zeit fuhr ich in meinem Zwiegespräch mit dem vortragenden Bruder fort und dieser nahm den Dialog auch mit steigender Begeisterung auf. In dieser Loge wurde Höflichkeit groß geschrieben und so ließ man sich mir gegenüber vorerst noch keinerlei Unmut anmerken. Der Stuhlmeister blickte jedoch manchmal versteckt auf die Uhr, jederzeit bereit, in diese doch etwas einseitige Diskussion einzugreifen und diese bei Gelegenheit zu beenden.

Jedoch man ließ ihn nicht, denn wir, die beiden Diskutanten waren einfach nicht zu bremsen, im Gegenteil, wir liefen erst jetzt so richtig zur Hochform auf. Gemeinsam beleuchteten wir an diesen „Freimaurergesprächen" vermeintlich nie zuvor erreichte Tiefen, die vielleicht sogar den Verfasser Lessing in

Erstaunen versetzt hätten. Die anderen Brüder, einschließlich ihres Stuhlmeisters, alles übrigens Brüder Meister, waren jedoch nur sprach- und fassungslos ob der Dreistigkeit des besuchenden „Bruders Gesellen". Hatten sie dergleichen doch in ihrer langen Freimaurerzeit noch nicht einmal annähernd erlebt.

Wäre hier nicht zu schon später Stunde eine couragierte Serviererin gewesen, die nach Hause gehen wollte und trotz „Deckung" mutig den WT-Raum betrat, nicht wissend, dass hier noch eine angeregte Diskussion im Gang war, ja, vielleicht wären die Brüder weit nach Mitternacht noch immer Zuhörer dieses seltsamen Dialogs, scheinbar unfähig und gelähmt, einzuschreiten.

Viele der Brüder haben in ihren ersten Freimaurerjahren Phasen, in denen sie an der Idee zweifeln, in denen sie auch manchmal herbe Enttäuschungen erleben mussten. Mir erging es selbstverständlich nicht anders. Ich fühlte mich anfangs von den älteren Brüdern einfach nicht genug geschätzt und ernst genommen, was jedoch eingedenk meiner Ausrutscher auf dem glatten Parkett in der eigenen sowie in anderen Logen nicht verwunderlich war. Auch entdeckte ich mit der Zeit immer mehr der sogenannten menschlichen Schwächen meiner Brüder, vor denen mich der Stuhlmeister ja bekanntlich gewarnt hatte, die ich nun aber nicht mehr zu tolerieren bereit war.

Auf meiner Gesellenwanderung kam mir dann auch noch einer meiner Brüder abhanden. Dieser war offenbar nicht mehr gewillt, seine Brüder weiter zu begleiten. Die manchmal aggressive Besserwisserei einiger weniger Brüder konnte und wollte dieser nicht mehr duldend über sich ergehen lassen. Ich hatte durchaus Verständnis für dessen Beweggründe; wie oft hatte ich ähnlich gedacht. Ich war diesem Bruder auch öfters zu Hilfe gekommen, als man diesen nach seinen Baustücken regelmäßig in die Mangel nahm, ihn stets auf „oberlehrerhafte Weise" schulmeisterte und maßregelte. Hatte ich aber genug unternommen, diesen Bruder bei uns zu halten? Ihn zu bewegen, seine Entscheidung nochmals zu überdenken?

Wie oft hatte ich selbst, etwa aus Frust mit meinem Bürgen, mit dem Gedanken gespielt, die Loge ganz einfach zu wechseln. Es war nur nie dazu gekommen. Und sehr oft kommt ein Logenwechsel tatsächlich auch einer Flucht vor sich selbst gleich. Diese gewiss weise Erkenntnis stammte jedoch nicht von mir, sondern von meinem Freund, jenem Immobilien-Heini, damals erster Aufseher der Loge. Er war es dann auch letztlich, der mich von dem sicherlich törichten und übereilten Schritt eines Logenwechsels abhielt und mir auf eindringliche Weise zu verstehen gab, dass ein Logenwechsel immer ein Schritt ins Ungewisse ist. Denn wer garantierte mir denn, dass ich in einer anderen Loge nicht auf ähnliche Schwierigkeiten stöße, es dort nicht ebenfalls menschelt? Wie steht es denn mit meinen eigenen Unzulänglichkeiten?

Mein Freund konnte als der Prototyp des besonnenen, ausgeglichenen Managers bezeichnet werden. Obwohl durchaus stressgewöhnt, hatte er die seltene Gabe, sich von seinen beruflichen Sorgen nichts anmerken zu lassen. Er vermittelte seinem Gegenüber stets das Gefühl, als hätte er für diesen alle Zeit der Welt. Dies dürfte jedoch auf den Umstand zurückzuführen sein, dass er es einfach nur besser verstand, seine Zeit einzuteilen.

Er verstand es auch glänzend, bei Gesprächen an der Weißen Tafel, sollten diese einmal aus den Fugen geraten, mit seiner besonnenen Art schlichtend einzugreifen, die Gespräche wieder auf eine brüderliche Basis zu bringen und so jeden Konflikt im Keim zu ersticken. Er verstand es drüber hinaus ebenfalls, bei profanen Zwistigkeiten unter den Brüdern, seine Vermittlerrolle unaufdringlich anzubieten. Ein Harmoniebedürfnis seinerseits, das mir schon damals aber etwas suspekt erschien.

Gegen Ende meiner Gesellenzeit bat er mich um ein maurerisches Gespräch über eines unserer Symbole. Welches Symbol das sein sollte, diese Entscheidung überließ er mir. Es war ihm nur wichtig, dass es sich um ein Symbol des zweiten Grades handelte. Da er ja das Amt des ersten Aufsehers innehatte und er seine Aufgabe offenbar ernst nahm, ja sie als seine Pflicht ansah, war ihm dieses Gespräch, das er auch mit anderen Gesellen führte, sehr wichtig. Es ging ihm bei dem Gespräch darum, sich von meinen maurerischen Fortschritten zu überzeugen, bevor er meiner Erhebung in den Meistergrad zustimmen wollte.

Ich hatte ausreichend Zeit, mich auf dieses brüderliche Gespräch vorzubereiten und mir jenes Symbol auszusuchen, von dem ich überzeugt war, dass ich seinen inneren Sinn erkannt hatte. Ich entschied mich für das „Symbol des Spiegels", was gewiss einer mutigen Entscheidung gleichkam. Da es sich bei diesem Bruder um jemanden handelte, mit dem mich schon seit einiger Zeit eine Freundschaft verband, hatte ich auch klarerweise keine Prüfungsängste. Ich war guten Mutes. Warum sollte ich es mir auch leicht machen? Mit gängigen Symbolen, wie etwa dem „Rauen Stein" sollten sich die anderen befassen. Ich war mir für solche Oberflächlichkeiten einfach zu gut. Prüfung hin, Prüfung her, bestand hier nicht auch die Chance, vom Wissen eines älteren Bruders profitieren zu können? Geizen diese doch ohnehin viel zu oft mit ihrem Wissen, uns, den jüngeren Brüdern gegenüber.

Meine Symbolwahl sollte sich jedoch als richtig und wertvoll erweisen. Das Gespräch verlief zwar gänzlich anders, als ich es erwartet hatte. Ich erhielt auch nicht die geringste Chance, mit meinem Bücherwissen zu brillieren, dafür aber umso mehr die Möglichkeit, im brüderlichen Gespräch eine ernsthafte und tiefe Auseinandersetzung über den Spiegel, eines der wichtigsten Symbole des Gesellengrades, zu führen.

Unser Treffen fand in einem gemütlichen Lokal im Wienerwald statt. Mein Freund, nicht zuletzt berufsbedingt ein äußerst pünktlicher und auch höflicher Herr, erwartete mich bereits am Parkplatz vor dem Lokal. Diese Pünktlichkeit und Höflichkeit ist auch bei Freimaurern nicht immer eine Selbstverständlichkeit und kann daher gar nicht hoch genug geschätzt werden. Wir wählten dann einen geeigneten Tisch im Lokal aus. Ein Platz, wo man einigermaßen sicher sein konnte, ungestört maurerische Themen behandeln zu können. Mein Freund, von seinem Wesen ein äußerst präziser, wenn nicht gar pedantischer Mensch, hatte für dieses Gespräch etwa drei Stunden eingeplant. Man hatte also keine übertriebene Eile.

Wir konnten in aller Ruhe unser Essen einnehmen, einige Gläser Wein genießen und waren nicht gezwungen, gleich zur Sache zu kommen. Ich versuchte im Anschluss an das Essen noch, das Gespräch vorerst in profane Bahnen zu lenken, da man ja, wie bereits gesagt, nicht in Zeitnot war und so gewissermaßen zuerst einmal warmlaufen konnte. Mein Bruder schien jedoch meine Absicht, auf Zeitgewinn zu setzen, zu durchschauen. Er erstickte daher alle Versuche, ihn für eine profane Unterhaltung zu missbrauchen, schon im Keim und kam direkt zur Sache, nämlich zum Spiegel.

Da ich ja jede Menge Vorbereitungszeit für dieses Gespräch hatte und so auch meine Leidenschaft für das Lesen ausleben konnte, begannen dann die Ideen auch geradezu aus mir herauszusprudeln. Nun, das Lesen hätte ich mir jedenfalls sparen können. Mein Freund ließ mich nämlich in einer für ihn ungewöhnlichen Unmissverständlichkeit wissen, dass er selbst in der Lage sei „blaue Bücher“ zu lesen und er es daher schade fände, die Zeit mit mir bei einer Buchbesprechung zu verbringen. Diese Reaktion ließ an Deutlichkeit nichts zu wünschen übrig und ich war gefordert, eigene Ideen einzubringen, denn fast nur ausschließlich diese zählten in der Freimaurerei, so dessen Meinung.

Unser Gespräch bekam dann auch tatsächlich eine gänzlich andere Richtung und wie ich glaubte, auch einen erstaunlichen

Tiefgang. Ich war nun gezwungen, meine grauen Zellen arbeiten zu lassen und mein Gegenüber ebenfalls. Ich ließ im Geist meine Gesellenwanderungen an mir vorüberziehen und war so endlich bei der Enthüllung des Spiegels angelangt. Was waren damals meine Empfindungen? Ich erinnerte mich, dass dieser Blick in den Spiegel keineswegs nur Glücksgefühle in mir auslöste, das Gegenteil war sogar der Fall. Umso eher begann ich dann auch von der Betrachtung meines Spiegelbildes abzulassen und mich dem Spiegelbild meiner beiden Brüder zu widmen. Da der Bruder Zeremonienmeister den Spiegel in einer Position hielt, die es mir möglich machte, von den anderen unbemerkt, mich in das Spiegelbild meiner beiden Brüder zu versenken, konnte ich mich so um diese unangenehme „Selbstbegegnung" drücken.

All dies teilte ich so aufrichtig es mir möglich war, meinem Bruder und Freund im Gespräch mit. Ich war nun mit brüderlicher Hilfe plötzlich in der Lage, all meine damaligen Erinnerungen und Gefühle neuerlich in mir wach zu rufen. Hier kamen jedoch seltsame Dinge ans Licht. Dinge, die sich tief in meiner Erinnerung einprägten:

Wer ist der Mensch, der die Chance seiner vorletzten Wanderung, die neuerliche Möglichkeit zu einer vertieften Selbsterkenntnis von sich weist? Eine Selbstprüfung, die ihm alleine vielleicht noch helfen könnte. Der sich dafür aber umso intensiver mit seinen beiden Brüdern befasst. Eine Aufgabe, die man ihm jedoch niemals gestellt hatte. Es ergibt einfach keinen Sinn, das Spiegelbild seiner Nebenmenschen zu betrachten. Wer ist es, der sich so seltsam verhält? Der die brüderliche Hilfe, die man ihm anbietet, einfach nicht anzunehmen bereit ist?

Denn letztlich war hier symbolisch die brüderliche Hilfe gemeint. Eine vertiefte Selbsterkenntnis, doch dieses Mal mit Hilfe des Bruders, der ja hinter dem Spiegel steht. Müsste es ihm, im Gegensatz zu mir nicht möglich sein, einen größeren Ausschnitt meiner Persönlichkeit zu erkennen? Bin ich doch im Gegensatz zu ihm, nur auf das Abbild meiner selbst angewiesen. Was war also der Beweggrund dieses Wegsehens vor mir selbst? War es etwa der gleiche Beweggrund, der sich auch in der Vergangenheit stets wie ein roter Faden durch mein Leben zog?

Gewiss, ich kannte meine Stellung im Leben, ich ahnte auch wohin dieser Weg letztlich führen musste. Ich fürchtete jedoch die Möglichkeit einer Selbstbegegnung. Ich wusste zwar vom Vorhandensein jenes Spiegels, in den zu blicken ich so bitter nötig hatte, in den zu blicken ich mich jedoch stets scheute und fürchtete.

Mein Freund wurde bei dieser meiner Schilderung seltsam still und ernst, und ich hatte das Gefühl, als würde er die Antwort auf meine Fragen längst kennen. Hatte er mir dies nicht schon in der Vergangenheit mehrmals zwischen den Zeilen angedeutet? Einzig dem Bruder ist es möglich, Dinge an einem, die man so gerne vor sich selbst ausblendet, da diese das Selbstbildnis so empfindlich stören, auch wahrzunehmen. Und wenn er einem dies in brüderlicher Weise bewusst machen kann, so bekommt das Symbol des Spiegels eine tiefe Bedeutung und wird erfüllt mit Inhalt.

Die Stunden vergingen, ohne dass uns beiden dies wirklich bewusst wurde. Das Gespräch mit meinem Bruder, welches dieser gar als Meistergespräch bezeichnete, gewann auch immer mehr an Vertrautheit und Tiefe. Dieser sprach dann über sein eigenes Leben, ließ mich Dinge wissen, die ich an ihm bis jetzt nicht kannte und auch nicht ahnte. Gewiss war dieser im Gegensatz zu mir ein absolut sattelfester Mensch. Über seine Zukunft musste er sich nicht sorgen. Materielle Ängste spielten in seinem Leben keine allzu große Rolle mehr. Es waren also gänzlich andere Dinge, die ihn bewegten, die ihm manchmal vielleicht Sorgen bereitet haben. Auch spürte ich, dass der maurerische Weg meines Freundes, gleich meinem, nicht immer gerade verlaufen war. Auch mit dem Verständnis für seine Brüder tat er sich gleich mir manchmal etwas schwer. Er vermisste nur allzu oft neben ihren schönen

Reden die Taten und verwendete dazu eine für mich äußerst treffende Allegorie: »Sag, kennst du als Musiker diese Geigen, wo es möglich ist den Ton unhörbar zu machen, um ungehört und ungestört üben zu können?« Ich musste gestehen, dieses bis jetzt nur vom Klavier zu kennen. Mein Freund fuhr in seiner Allegorie fort: »Ich habe das Gefühl, dass wir Freimaurer Ähnliches tun, wir üben zwar immerfort, und tun es unbemerkt vor den anderen, es kommt jedoch niemals zum eigentlichen Konzert.«

Leider war meine Euphorie meinen Freund betreffend wieder einmal zu überschwänglich, und ich musste in späterer Folge unserer Beziehung ernüchtert feststellen, dass auch dieser nicht gerade ein Mann der beherzten Tat war, seine oft allzu großartigen Ankündigungen zumeist mehr versprachen als seine Taten letztlich hielten. Und wieder fielen mir die letzten Worte meines Stuhlmeisters vor meiner Aufnahme in den Bund ein: »Ich habe Sie gewarnt!«

Das Gespräch mit meinem Freund leitete zumindest eine Nachdenkphase bei mir ein. Der Spiegel, jenes Symbol der Selbstprüfung, den ich ja bisher gemieden hatte wie der „Teufel das Weihwasser", ging mir nun nicht mehr aus dem Sinn und ich erkannte, dass hier für mich enormer Nachholbedarf bestand, denn nichts, aber auch gar nichts in meinem Leben war im Lot.

Wenn ich den Wert der Maurerei an meiner Befindlichkeit, meinen Erfolgen und Misserfolgen, meiner harmonischen oder gestörten Beziehung zu meinen Mitmenschen gemessen, mein eigenes Wohl also zum Maß der Maurerei gemacht hätte, so hätte ich ehrlicherweise gar keine andere Wahl gehabt, als der Maurerei für immer den Rücken zu kehren. Denn mit meiner Mitgliedschaft beim Bund, so muss ich gestehen, hatte sich für mich wahrlich nichts zum Besseren gewandelt.

Da war z. B. ein brutaler Machtkampf zweier meiner „Brüder" und leider auch Kollegen, die mein Berufsleben und in weiterer

Folge auch mein Privatleben schwer belasteten. Einer der beiden war, wie schon erwähnt, Vorstand einer Konzertvereinigung, der auch ich angehörte, und hatte keinerlei Skrupel, mich in diesen Streit hineinzuziehen. Es war dies eine Auseinandersetzung, die in dieser brutalen Form unter Brüdern niemals geschehen hätte dürfen und die letztlich auch die Freimaurerei in keinem guten Licht dastehen ließ. Hatten jene Brüder auf dem Höhepunkt ihres Streits, ja der Eskalation, doch keinerlei Hemmungen, auch die maurerische Deckung gleich mehrmals zu verletzen. In meinem Kollegenkreis wusste man es nun: Hier war ein Streit unter „Brüdern" entbrannt. Und damit taten die beiden der Maurerei und mir, der schuldlos in den Sog dieser Auseinandersetzung geraten war, wahrlich einen Bärendienst.

Es war da aber auch ein Arzt und Bruder, der meiner schwerstkranken und von anderen Ärzten bereits aufgegebenen Schwägerin das Leben rettete. Immer wieder fanden sich Brüder, die auch mir bei gesundheitlichen Problemen spontan zu Hilfe kamen. Brüder, für die das Wort Brüderlichkeit offenbar keine leere Worthülse bedeutete, gingen sie in ihrer ärztlichen Pflichterfüllung doch weit über das normale Maß hinaus. Ein Chirurg unserer Loge war es etwa, der sich in rührender Weise um einen schwerstkranken Freund und Bruder von mir kümmerte, diesem nur jede erdenkliche medizinische Hilfe zukommen ließ. Hier kannte ärztliche Pflichterfüllung offenbar keine Grenzen. Aber genau dort, wo Menschen über ihre normalen Pflichten hinausgehen, handeln sie als Freimaurer. So könnte man Freimaurerei auch als die Kür zur Pflicht verstanden wissen.

Die brutale, jeder Brüderlichkeit spottende Vorgehensweise oben genannter Brüder konnte daher meinem Gesamtbild der Maurerei in keinster Weise erschüttern, sah ich in ihnen doch ohnehin schon längst keine Brüder mehr.

Ich machte zu jener Zeit zwar ein Wechselbad der Gefühle, an Hochs und Tiefs durch, konnte mir jedoch in meinem Innersten zumindest ein Quäntchen Humor bewahren und fallweise immer noch herzhaft über andere, aber auch mich selbst lachen. Ich begann zwar, entgegen meinen früheren Gepflogenheiten, zuweilen recht hohe Maßstäbe an die Brüder anzulegen, war mir aber zugleich bewusst, dass gerade ich diesen Ansprüchen nicht gerecht wurde. Ich war jedoch ernster als jemals zuvor auf der Sinnsuche, stellte Fragen an mich selbst, begann alles Sich-treiben-Lassen, das Ungeordnete und Ungefähre bei mir und noch viel mehr bei anderen zu verachten, schloss neue Freundschaften und trennte mich leichten Herzens von alten und, wie ich glaubte, totgelaufenen freundschaftlichen Banden.

Dies war nicht immer so, denn gerade ich war in meiner Vergangenheit bekanntlich ein Meister im Sich-treiben-Lassen, ein unerschütterlicher Bohemien und Lebenskünstler, nicht zu verwechseln mit einem Meister der „Königlichen Kunst".

Nach anfänglichen Jugenddepressionen begann ich schon sehr bald, mein Leben wieder von der etwas heitereren Seite zu betrachten, also mehr vom Spielerischen denn vom Schwermütigen. Der Freundeskreis, der mich dabei unterstützen, mir zur Seite stehen sollte, sah dann auch dementsprechend aus. In der Wahl meiner Freunde bewies ich schon in jungen Jahren einen untrüglichen Instinkt.

Ereilte einen von uns trotz dieser „positiven" Lebenseinstellung einmal ein Missgeschick, waren alle wie auf Befehl stets als „Trostspender" zur Stelle. Jeder hatte schon irgendeinmal Ähnliches erlebt, nur noch viel schlimmer. Man fand Trost in der Tatsache: »Dem anderen geht es noch schlechter«. Misserfolge, die anders gestrickte Naturen läutern würden, hatten für uns jedoch nur den einen Sinn: sich darüber lustig zu machen, sie ins operettenhaft Komische zu ziehen und so bald wie möglich aus der Erinnerung zu verdrängen. Ja, im Verdrängen, im Ausblenden der Realität waren wir alle Weltmeister.

Was unsere geistige Gemeinschaft noch mehr zusammenhielt, war die Tatsache, dass wir allesamt überzeugte Junggesellen waren und auch vorhatten, dies auf ewige Zeiten zu bleiben. Was aber nicht bedeuten sollte, dass wir dem anderen Geschlecht abgeneigt waren. Da es sich in diesem Kreis fast ausschließlich um Sänger handelte, wurden des Öfteren sogar Gesangswettbewerbe in verschiedensten Heurigenlokalen um die Gunst der Damen veranstaltet.

Die Vorsehung wollte es, dass ich anlässlich so eines Sängerwettstreits nach einer Opernvorstellung und einem anschließenden Heurigenbesuch sogar meine Ehefrau kennen und lieben lernte. Ich hatte sie mir also im wahrsten Sinne des Wortes ersungen.

Freimaurer und Frauen

Da unsere Loge als „Esoterische Loge" galt, musste man, um dem Ruf gerecht zu werden, zumindest einmal pro Jahr eine Klausur abhalten. Bei den jährlichen Klausuren waren dann und wann auch unsere Frauen, wenn zwar nicht von allen, so doch von der Mehrzahl der Brüder gern gesehene Gäste. So geschehen auch einst auf Schloss Rosenau, einem prachtvollen Barockschloss – beeindruckendes Kleinod des Waldviertels, das mit seinen traditionsreichen Mauern das österreichische Freimaurermuseum umschließt. Mitte des 18. Jahrhunderts wurden hier im ersten Stock des Südflügels sogar Räumlichkeiten für Logenarbeiten adaptiert.

Diese Klausuren fanden zumeist an diesem für Freimaurer wohl stimmungsvollsten, mystischen Ort statt und erstreckten sich über einen Zeitraum von etwa drei Tagen. Sinn und Zweck dieser Einrichtung war es, gemeinschaftlich maurerische Themen zu behandeln – jene Themen, die für die Loge richtungweisend sein sollten –, aber auch sich in intensiveren brüderlichen Gesprächen einfach nur näherzukommen und vorhandene Barrieren überwinden zu lernen. Dass hier natürlich auch das gesellige Element nicht zu kurz kommen konnte, ließ sich ganz einfach nicht vermeiden. Und es hatte für mich stets den Anschein, dass nur verschwindend wenige der Brüder dieses missen wollten.

Dass bei solchen Anlässen manchmal die Arbeit zugunsten fröhlicher Geselligkeit zurücktreten musste, ergab sich ganz einfach dann und wann aus der Sache und stellte für mich, aber auch die anderen, ohnehin kein Problem dar. Freimaurer sind gewöhnlich keine Asketen, sie sind keine Verächter des Irdischen und betrachten die Loge nicht als Kloster. Denn nicht im Verachten sinnlicher Genüsse liegt unsere Größe, sondern im harmonischen Erleben, was immer man auch darin sieht!

Tag der Ankunft der „Schwestern", die einen Tag später, gemeinsam mit „Schweizer Brüdern" anreisten, auf Schloss Rosenau: Zwei „charmanten" Brüdern – einer mein Bürge – war die verspätete Ankunft der Schwestern offenbar immer noch zu früh, waren sie doch grundsätzlich der Meinung, dass „Schwestern" bei Freimaurertreffen, und seien diese auch nur geselliger Natur, nichts zu suchen hätten. Als der Bus mit den Schwestern auf Schloss Rosenau ankam, fühlten sich die beiden bemüßigt, sich in den Schmollwinkel zurückzuziehen, um nur ja jedes vorzeitige Zusammentreffen mit den Frauen zu vermeiden.

Am Wirtshaustisch des urigen Gastraumes, einige Karaffen Wein vor sich, unterhielten sich die beiden sichtlich angeregt. Sie waren offensichtlich in ein „esoterisches" Gespräch vertieft, das aber dann jäh durch die Ankunft der „Schwestern" unterbrochen wurde und bei den beiden schiere Verzweiflung auszulösen schien.

Mein Bürge, vom Weingenuss etwas gezeichnet, in wehmütigem Ton: »Kannst du verstehen, warum bei unseren Klausuren einfach eine andere Atmosphäre herrscht, viel freier und weniger seicht als bei unseren sonstigen Gesprächen, etwa an der Weißen Tafel? Die Aussage des Bruders vorhin (gemeint war ich), kam für mich fast einer Sternstunde gleich!«

Darauf der andere: »Ja, ja, du sagst es, eine wahre Sternstunde. Woran dies wohl liegt? Doch ich fürchte, mit den Sternstunden ist es nun fürs Erste vorbei. Sieh einmal zur Tür!«

Die Lokaltür öffnete sich und die „Schwestern" tröpfelten arglos herein. Die beiden aber, gerade eben noch in Hochstimmung, ergriffen entsetzt und enttäuscht die Flucht vor den herannahenden Damen.

Meine Erklärung dafür: Offenbar war es denen entgangen, dass Freimaurerei und Ausgrenzung nicht vereinbar, ja unseren hehren Zielen konträr ist. Es konnten sich manche der Brüder nicht zu der Überzeugung durchringen, dass die Frau in der Maurerei sehr wohl einen großen Stellenwert hat. Wie sollte es auch angehen, mehr als die Hälfte der Menschheit einfach vom maurerischen Gedankengut auszuschließen? Trotzdem vertraten viele die längst überholte Meinung, dass maurerische Belange, und sollten sich diese auch nur auf das Humanitäre beschränken, für Frauen kein Thema sein dürften, dass Freimaurerliteratur in keinem Fall von Frauen gelesen zu werden hat. Ein Baustück etwa seiner Frau anzuvertrauen, würden diese geradezu als Hochverrat betrachten.

Wie lächerlich eine solche Einstellung nur sein konnte, ergab sich für mich schon aus der schlichten Tatsache, dass Freimaurerei von ihrem Wesen her mit Worten ohnehin nicht erklärbar ist. Man könnte also, falls man überhaupt selbst in der Lage dazu war, seine Eindrücke über die Maurerei niederschreiben, diese seiner Frau zur Verfügung stellen und sich trotzdem sicher sein, das Wesen nicht einmal berührt oder gar verraten zu haben.

Welch großen Stellenwert die Freimaurerei den „Schwestern" beimisst, lässt sich doch deutlich an dem alten, sinnvollen Brauch „der zweiten paar Handschuhe" erkennen. Als ich bei meiner Rezeption dieses Paar Handschuhe, bestimmt für die Frau meines Herzens, überreicht bekam, so war dies für mich ein berührender Augenblick, der mich erkennen ließ, dass die Freimaurerei sich von anderen Männer-Vereinen, wo noch das lächerliche Machogehabe, jenes „an die Brust trommeln" vorherrscht, im wesentlichen unterscheidet.

Seit über 100 Jahren gibt es Frauen- und gemischte Logen. Und niemand konnte mich bisher überzeugen, aus welchem Grund das maurerische Gedankengut in englisch-orientierten Logen dem weiblichen Geschlecht vorenthalten sein sollte und Frauen nicht ritualfähig sein könnten. Die Freimaurerei, in ihrer äußeren Form, hat sich zu allen Zeiten dem vorherrschenden Gesellschaftsbild anzupassen gehabt, sonst wäre sie nämlich schon längst von der Bildfläche verschwunden. Diese Tatsache dürfte nur zu jenen „frauenfeindlichen" Brüdern nicht durchgedrungen sein. Offenbar waren diese in ihrer Einstellung noch immer ein wenig im 18. Jahrhundert verhaftet.

Der Bruder einer Nachbar-Loge trat mit dem Vorschlag an uns heran, uns anlässlich besagter Klausur in Schloss Rosenau im Wünschelruten-Gehen zu lehren. Ein Gebiet, das nach meiner sowie der meisten Brüder Meinung mit dem maurerischen Gedankengut jedoch nichts gemein hat. Erstaunlicherweise wurde dieses Ansinnen trotzdem angenommen und etwa zwanzig der Brüder und Schwestern schwirrten, bewaffnet mit den üblichen Werkzeugen unter der Anleitung ihres Lehrers, im Schlosshof in mehrere Richtungen aus, um sich im Wünschelruten-Gehen zu üben. Ein eben angereistes, nicht zu unserer Truppe zählendes Ehepaar beobachtete dieses Tun mit sichtlichem Befremden, worauf sie zu ihm sagte: »Sieh dir die einmal an, die ticken doch nicht richtig, glaubst du wirklich, dass dies der richtige Ort für uns ist?«

Doch damit nicht genug, unser Lehrmeister gab sich mit dem praktischen Unterricht im Pendeln nicht zufrieden und es sollten noch einige Theoriestunden in den Seminarräumen folgen. Doch diesmal ohne Beisein der Schwestern. Es ging darum, das Pendel durch Konzentration in Schwingungen zu versetzen und sich von diesem letztlich jedwede Frage beantworten zu lassen. Das Pendel gleichsam als „Orakel" zu befragen. Ein Spaßvogel, jener Immobilien-Heini, zog aus seiner Hosentasche ein zerknülltes Blatt Papier, ließ das Pendel darüber kreisen und stellte dann folgende tiefsinnige Frage: »Liebes Pendel, bitte sage mir ob das Blatt Papier glatt oder zerknüllt ist?«

Das Pendel zeigte jedoch keine Reaktion; es blieb unbeeindruckt. Unser Lehrmeister, der dies aus einiger Entfernung mit Missfallen beobachtete, kam nun näher und bemerkte dazu Folgendes: »Eine gescheitere Frage musst du dem Pendel schon stellen!«

Jetzt wusste man es also, das Pendel reagiert im Gegensatz zu Freimaurern nur auf gescheite Fragen!

Spätabends an der Bar: Man war gerade im Begriff zu Bett zu gehen, als von weit her deutlich vernehmbare Klavierklänge an unsere Ohren drangen. Wir machten uns auf die Suche nach der Klangquelle, was in dem etwas verwinkelten Schlossgebäude gar kein so leichtes Unterfangen war. Nach einer Weile hatten wir die Orientierung und den Ort der nächtlichen Klänge gefunden: Im großen Festsaal hatten sich noch einige Brüder und Schwestern eingefunden, um dem Klavierspiel eines Bruders zu lauschen. Auch mein Bürge, der selbsternannte „Musikfeind", war zu meiner Verwunderung anwesend.

Man zeigte sich erfreut über mein Erscheinen, von dem man sich jetzt selbstverständlich noch ein paar Gesangsdarbietungen erwartete. Besonders die Schweizer „Schwestern und Brüder", die ja noch nie in den Genuss meiner Sangeskunst gekommen waren, insistierten, für Schweizer eher ungewöhnlich, geradezu mit aufdringlicher Hartnäckigkeit, der ich dann letztlich nicht widerstehen konnte.

Der Pianist begann unaufgefordert mit dem Vorspiel zur Cavantine des Figaro aus dem „Barbier von Sevilla" und ich, der am Flügel angelehnt festen Halt für seine gar nicht mehr so sicheren Beine fand, begann aus voller Kehle die „Arie des Barbiers" in den Saal zu schmettern. Meine Stimme klang zu meinem eigenen Erstaunen kernig und voll, und hatte trotz reichlichen Alkoholgenusses, so schien es mir, noch immer genug Strahlkraft. Ja, sogar der Text machte mir trotz rasanten Tempos keinerlei Schwierigkeiten, auch die zahlreichen exponierten Spitzen-Töne gelangen mühelos. Die Schwestern und Brüder waren hingerissen, die Begeisterung, gerade bei den Schweizer Gästen, nicht enden wollend. Sogar die Schlossherrin, die offenbar noch nie in den Genuss von professionell singenden

Brüdern Freimaurer kam, gesellte sich zur nächtlichen musikalischen Runde.

Mein Bürge lauschte meinem Gesang mit Stolz und Andacht, und wurde nicht müde, jedem, der es hören oder auch nicht hören wollte, zu verkünden, welch wahre „Sternstunde" dieser Abend für alle bedeute! Auch die bildhübsche Frau meines Stuhlmeisters, eine junge Ärztin, war hingerissen. Einer Muse gleich beflügelte sie meine Sangesfreude und ließ mich gleichsam über mich selbst hinauswachsen.

Ich gab eine Zugabe nach der anderen und schloss dann bereits in den frühen Morgenstunden mein Privatkonzert mit einem besinnlichen Lied von Franz Schubert: „Füllest wieder Busch und Tal", das durch seinen maurerischen Text einen würdigen Abschluss für diesen Abend bot. Niemand Geringerer als die Schlossherrin persönlich geleitete mich zu guter Letzt bis zu meinem Hotelzimmer. Sie fürchtete, vielleicht nicht zu Unrecht, dass ich es sonst wohl nicht gefunden hätte.

Meine Frau, die Schloss Rosenau zum ersten Mal besuchte, war von der einzigartigen Atmosphäre derart angetan, dass wir unseren Aufenthalt noch um eine Nacht verlängerten. Da wir für diese letzte Nacht jedoch unser Doppelzimmer aufgeben mussten, wechselten wir in ein kleineres Zimmer, in dem die Betten in einem rechten Winkel standen. Ich schlief also diese eine Nacht mit meiner Frau im „rechten Winkel", was für den Freimaurer doch ein besonderes Erlebnis sein sollte.

Ich suchte in früheren Zeiten immer wieder die Gelegenheit, meine Frau, so weit dies möglich war und sie dies wollte, in unseren Kreis einzubinden und sie nahm dies anfangs auch gerne an. Nicht selten diskutierten wir zu Hause, bei einigen Gläsern Wein bis spät in die Nacht, über Sinn und Zweck der Maurerei. Darüber, was Freimaurer bewegen könnten, worin denn der Einfluss der Maurerei auf unsere Gesellschaft bestehen könnte.

Also, durchaus allgemeine Fragen, die jeden was angehen. Sie hielt mir in der Vergangenheit nicht selten den berühmten „Kleinen Spiegel“ vors Gesicht. Indem sie meinte, dass freimaurerisches Arbeiten niemals beim Denken und Reden enden darf, sondern dass es da auch einer konkreten Umsetzung bedürfte. Etwas, dass sie aus ihrer Sicht bei mir und manchen meiner Brüder jedoch vermisste. Offenbar gab sie sich insgeheim der Hoffnung hin, dass sich die Freimaurerei vielleicht irgendwann einmal auch positiv auf unsere Ehe auswirken könnte. Tat sie dies auch?

Ich hielt es zwar für wichtig, meine Lebenspartnerin an einer Sache teilhaben zu lassen, die nun einen wesentlichen Teil meines Lebens ausmachte. Der Versuch, meine maurerischen Erkenntnisse auch auf meine Partnerschaft wirken zu lassen, erschien mir fatalerweise überflüssig. Denn es ließe sich das innere Wesen der Maurerei bekanntlich mit Worten ohnehin nicht mitteilen, so meine Rechtfertigung vor mir selbst. Warum eigentlich nicht? Wenn schon nicht mit Worten, so wohl doch vielleicht durch Taten!

Ewiger Osten – ewig für wen?

Wenn wir vor Beginn der Arbeit jener Brüder gedenken, die uns in den „Ewigen Osten“ vorausgegangen sind, so tue ich dies zumindest ohne größere Anteilnahme, d.h. ich nehme die Bedeutung der Worte kaum wahr. Es sei denn, es gäbe einen unmittelbaren Anlassfall, wie den Tod eines Bruders. Und hier nehme ich die Gelegenheit wahr, meines viel zu früh von uns gegangenen Bruders Reinhard zu gedenken, der uns dorthin vorausgegangen, besser gesagt, mir vorausgegangen ist. Denn er war es letztlich, der mich vor einiger Zeit vor einem frühzeitigen Abgang in den „Ewigen Osten“ bewahrt hatte. Dass er jedoch mir vorauseilte, sich quasi vordrängte, war so unter uns beiden nicht abgemacht. Aber Reinhard hat es schon zu Lebzeiten stets Richtung Osten gezogen. Und das zu Recht, denn er strahlte von dort stets Würde aus.

Ich erinnere mich noch allzu gut an Reinhards Meistererhebung, wo ich die Ehre hatte, ihn darauf vorzubereiten. Es war am alten jüdischen Friedhof in Simmering, den wir beide zu diesem Zweck besuchten. Das Besondere an diesem Friedhof ist die relativ große Zahl an Freimaurergräbern. Unverkennbar durch Zirkel und Winkelmaß an den Grabsteinen, die seltsamer Weise stets im Gesellengrad angeordnet sind. An manchen stand die Inschrift: „Zu ewiger Arbeit abberufen“. Auf Reinhards Frage, was es denn damit auf sich hätte, meinte ich, dass wir eben zeitlebens Gesellen bleiben und sich dies auch auf den Grabsteinen ausdrückt. Dass dies eine Verlegenheitsfloskel war, konnte ich an Reinhards Miene erkennen.

Alles Materielle, alles Wissen, ja unsere Persönlichkeit enden spätestens mit dem Tod. Nichts von all dem können wir mit hinüber nehmen. Zumindest in diesem Punkt waren Reinhard und ich uns stets einig. Tiefer führende Gedanken über den Tod haben wir beide meines Wissens niemals ausgetauscht. Für uns beide, so fühlte ich zumindest, ging es um weit mehr als bloße Spekulationen über ein Diesseits und Jenseits, ein Oben und Unten oder über Zeit und Raum. Denn was wissen wir wirklich vom Wesen der Welt? Die Welt kennt kein Diesseits und Jenseits, kein Oben und Unten und auch keinen „Ewigen Osten". Zeit und Raum existieren nur in unserem beschränkten Wahrnehmungsbereich. Wer nicht mehr Mensch ist, da tot, hat keine Wahrnehmungen mehr.

Auch der Tag meiner Meistererhebung sollte mit einem Friedhofsbesuch beginnen. Gemeinsam mit einem Bruder besuchte ich das Grab meines verstorbenen Freundes und Bruders Otto am Neustifter Friedhof.

Ich kannte Otto seit nunmehr 13 Jahren und ebenso lange währte auch unsere Freundschaft. Kennen gelernt hatte man sich in jenem italienischen Beisl, das Otto lange vor mir bereits regelmäßig aufsuchte. Ein langjähriger Freund und Bruder machte uns beide bekannt und man verstand sich auf Anhieb.

Hier ist offensichtlich das eingetreten, was ich an anderer Stelle schon beschrieben hatte. Mein erstes Gefühl, hier einen netten Kerl getroffen zu haben, hatte mich nicht betrogen. Aus nett kristallisierten sich in weiterer Folge Facetten wie hilfsbereit, verlässlich, klug und humorvoll heraus und ich hatte die Gewissheit, einen wertvollen Freund gewonnen zu haben. Wir hatten all die Jahre jede Menge Spaß miteinander, neigte er doch, wenn auch vielleicht nicht ganz so unerschütterlich wie ich, ebenfalls zur „Bohemien-Natur". Selbstverständlich gab es auch in unserer Freundschaft manchmal Höhen und Tiefen, die jedoch für uns beide nie zum Problem wurden. Wir waren nie wirklich oder lange verstimmt. Das uns Verbindende ist stets das Stärkere geblieben.

Es lag also in der Natur der Dinge und konnte daher nicht ausbleiben, dass auch an ihn nach einiger Zeit die berühmte Frage gerichtet wurde: »Willst du Freimaurer werden, willst du zu uns kommen?«

Und ebendies, gleich mir, wollte er. So wie ich musste er die langatmige Tortur des Aufnahmeverfahrens über sich ergehen lassen. Selbstverständlich konnte man da auch bei ihm keine Ausnahme machen. Seltsamerweise zitterte ich der endgültigen Entscheidung über seine Aufnahme mit den fast gleichen Gefühlen wie meiner eigenen entgegen. Es lag mir also ungeheuer viel daran, ihn auch zum Bruder zu gewinnen. Seine Rezeption, der ich selbstverständlich beiwohnte, geriet dann auch für mich zum unvergesslichen Erlebnis. Als man ihm, dem Freund damals das Große Licht erteilte, wurde ich jäh wieder an meine damaligen eigenen Empfindungen erinnert.

Die Aufnahme eines Freundes in unsere Bruderschaft bedeutet klarerweise für jeden Freimaurer ein ganz besonderes Erlebnis – hatte man jetzt doch einen gemeinsamen Weg zu gehen, der weit über jede profane Verbindung hinausgehen kann. Bei uns beiden war dies wirklich der Fall, da wir auch hier Gemeinsamkeiten entdecken konnten.

Wenn man sich unter Freimaurern oftmals die für meine Begriffe völlig unsinnige und unnötige Frage stellt: »Sag, Bruder, in wieweit hast du dich verändert?«, so musste ich an meinen Freund denken: War dieser doch stets der Meinung, dass es Aufgabe seiner Mitmenschen sei, eine etwaige Wesensänderung an ihm zu bemerken. Er selber fühlte sich hier nie kompetent.

Auch konnten wir beide oftmals herzlich über die zahllosen Kindereien lächeln, die manche der Brüder so gerne zum Wesen der Maurerei machen wollten. Hier herrschte bei uns beiden eine stille Übereinstimmung. Schien es mir doch, dass er gleich mir dem kindlichen Gehabe mancher unserer „Zeremonien- und Geheimniskrämer“ nicht allzu viel Bedeutung beimaß. In ihren Erwachsenenspielen nicht das Wesen der Maurerei erblicken konnte und wollte.

Als meinem Freund dann etwa ein halbes Jahr vor seinem viel zu frühen Tod die Schwere seiner Krankheit bewusst wurde, so denke ich, muss ihn dies wie ein Keulenschlag getroffen haben, obwohl er sich dies lange Zeit nicht anmerken ließ. Bei unserem letzten gemeinsamen Silvester im Freundeskreis zeigte er sich noch bei bester Laune und ließ sich von seinem Gesundheitszustand, der ihm damals bereits bekannt sein musste, nicht das Geringste anmerken.

In den letzten Monaten vor seinem Tod sprach er mir gegenüber jedoch in einer erschreckenden Aufrichtigkeit von einem „finsteren Loch", in das er sich fallen sah. Es plagten ihn Ängste um seinen jüngsten Sohn, um dessen Zukunft er sich offenbar sorgte. Die Zukunft seiner Tochter, einer jungen Ärztin, sah er jedoch einigermaßen gesichert und dies war für ihn beruhigend. Es waren dies die Gedanken eines Menschen, welcher sich offenbar bereits an der Schwelle sah, so meine damalige Empfindung.

Da wir, seine Freunde jedoch größtes Vertrauen in seinen Lebenswillen setzen, so dachten wir, wird auch dieses tiefe Tal für ihn zu überwinden sein. Dass er von seiner Natur dazu durchaus in der Lage war, dies hatte er uns in der Vergangenheit bereits mehrmals bewiesen und diese Tatsache machte uns Hoffnung. Eine Hoffnung, die sich leider nicht erfüllte, war doch diesmal die Krankheit meines Freundes stärker als sein Überlebenswille.

Als er sich anlässlich eines unserer letzten Zusammentreffen besorgt um mein seelisches Wohlergehen zeigte, so war dies wieder einer dieser seltenen Augenblicke, die ich als ein Erwachen in meinem Leben bezeichne. Als Erwachen empfinde ich jene Augenblicke des Lebens, wo sich uns eine Wahrheit in all ihrer Klarheit und Eindringlichkeit zeigt, wo sich uns ein Mensch mit seinem innersten Wesen zu erkennen gibt und wir in der Lage sind, dies auch zu sehen, weil wir uns ebenso geöffnet haben. Es sind jene seltenen Momente, wo sich uns das Leben selbst auf geheime Weise zu offenbaren scheint. Zumeist nehmen wir solche

Momente des Erwachens selbst nicht einmal wahr oder verdrängen diese sogleich wieder aus unserem Bewusstsein. Die ganz banale Frage meines schwerstkranken Freundes: »Sag, wie geht es dir selbst?«, hatte in mir dieses Erwachen ausgelöst.

Als wir an seinem Grab die Kette schlossen und der Meister die Worte sprach: »Treue bis über das Grab«, wurde mir der tiefe Sinn unserer Bruderkette bewusst, mir die Unvergänglichkeit unserer Idee klar.

Früher oder später kommt für jeden von uns das Vergessenwerden. Menschen vergessen, das Leben vergisst niemals.

Innerlich, unbewusst den Empfangenden zieht die Welle weiter, stößt neue Wellen an. Lässt neue Ideen entstehen, webt am Webstuhl des Lebens.

Für Menschen, die an einer tödlichen Krankheit leiden, ist das „Stirb und werde," so scheint es, Realität geworden. Sie verspüren all das an Leib und Seele, von dem andere sich keine rechte Vorstellung machen können und dies vielleicht auch gar nicht sollten. Durch die Konfrontation mit dem eigenen Tod begannen sich für meinen Freund die Werte zu wandeln. Treffen mit Freunden, der Gedankenaustausch mit dem Partner, der Spaziergang durch die Natur, das Erleben des pulsierenden Großstadtgeschehens hatte nun enorme Bedeutung. Er sah sein Leben – oder das, was ihm davon noch blieb – mit anderen Augen. Die kleinen Dinge gewannen an Größe, wichtig Geglaubtes fiel von ihm ab. Es liegt wohl in der Natur von uns allen, das Leben, die Dinge, den Partner und die Freunde erst dann so richtig zu lieben und zu schätzen, wenn man Gefahr läuft, sie zu verlieren!

Zu Beginn der Arbeit gedenken wir unserer verstorbenen Brüder. Am symbolischen Grab lauschen wir ihren Stimmen, gleichsam in die Ewigkeit hineinhörend. Denn sie wollen uns in aller Stille unterweisen. Die Freimaurerei hat ein Geheimnis, das der Freimaurer niemals über seine Lippen bringt, und selbst dann nicht, wenn er es wollte. Die unbekannten Meister, in deren Geist wir unsere Arbeit weiterführen sollten, sodass auch andere einst unserem Beispiel folgen können, wussten um dieses Geheimnis. Es hat weder mit okkulten Vorgängen zu tun, noch mit Praktiken von Spiritisten. Was von den Toten weiterlebt, sind ihre Gedanken, die sich in ihren Taten ausdrücken, das Ideal, dem sie ihr Leben geopfert haben. Dabei kommt es auch nicht darauf an, ob uns die Geschichte ihre Namen bewahrt hat. Große Namen, Ruhm und Glanz sind eher eine Sache für Historiker. Die wahre Maurerei betreibt keinen Personenkult oder sollte es zumindest nicht. Unsere Meister, das sind die Märtyrer der Idee, es sind die verschwundenen Meister des menschlichen Fortschritts. Zwischen ihnen und uns kommt es zu wechselseitigen Beziehungen. Verborgen bleibend, fördern sie auf geheime Weise unsere Gedanken.

Wer versteht und fühlt, dass man bereits hier und jetzt an das Grenzenlose angeschlossen ist, für den ändern sich Wünsche und Einstellung. Denn letztlich gilt man nur wegen des Wesentlichen, und wenn man das nicht hat, so ist das Leben vertan.

Einstmals klärte meine junge, bildschöne Frau mich auf, was sie unter dieser Grenzenlosigkeit versteht. Es war auf der Insel Bali wo wir unseren Urlaub verbrachten, an einem wundervollen Abend bei Sonnenuntergang.

Indem sie zärtlich meine Hand hielt, sagte sie: »Glaubst du nicht auch, dass es immer so war und immer so sein wird, dass die Welt, das Geld und die Macht den kleinen und seichten Menschen gehört, und den anderen, den eigentlichen Menschen, gehört nichts, nichts als der Tod?«

Ich, verständnislos: »Sonst gar nichts?«

»Doch, die Ewigkeit«, erwiderte sie.

»Du meinst den Namen, den Ruhm, den Glanz«, sagte ich, der den Sinn ihrer Worte nicht begriff.

»Nein, nicht den Ruhm – hat denn der einen Wert?«, entgegnete sie etwas enttäuscht. »Glaubst du denn, dass alle wirklich echten und vollen Menschen berühmt geworden und der Nachwelt bekannt sind? Also, der Ruhm ist es nicht, der ist eine Angelegenheit der Bildung und der Lehrer. Aber das, was ich Ewigkeit nenne. Ich denke mir: Du und ich, mein Liebling, wir, die Anspruchsvolleren, wir mit der Sehnsucht, mit der Dimension zu viel, könnten gar nicht leben, wenn es nicht außer der Luft dieser Welt auch noch eine andre Luft zu atmen gäbe, wenn nicht außer der Zeit auch noch die Ewigkeit bestünde, und die ist das Reich des Echten.«

Gegen Ende seiner fünften Wanderung soll der Geselle diese feinen, im Raum verteilten Lichtschwingungen in sich aufnehmen. Um dieses dem profanen Auge unsichtbare Licht wahrnehmen zu können, müssen von ihm fünf Stufen von verschiedener Farbe erstiegen werden. Endlich auf der fünften Stufe angelangt, wird alles Vorangegangene für ihn zur Einheit, zur Quintessenz. Wer diese Stufe der Einweihung erreicht hat, den kann weder das grelle Licht des Tages blenden, noch die Dunkelheit der Nacht trügen. Unbeirrt setzt er seinen Weg durchs Dunkel, dem Licht im Osten entgegen, fort. Äußerlichkeiten, wie der Lärm der profanen Welt, bedeuten ihm nur mehr wenig. Er hat erkannt, dass sich sein Leben zwischen zwei Polen bewegt und er dies nur anerkennen muss. Licht und Dunkel, Ruhe und Sturm, Sterben und Werden, all das nehmen wir in der Natur als selbstverständlich hin. Geschieht es in uns selbst, wehren wir uns dagegen. Warum eigentlich?

Nur wer zu tiefen Empfindungen fähig ist, wird Freud und Leid in seinem Leben gleichermaßen zulassen, denn er weiß, dass sie mit dem Leben untrennbar verbunden sind. Er steht über dem Leid, auch wenn er leidet und über der Freude, auch wenn er sich freut, er fühlt aus innerstem Erleben, dass das Wesen der

Dinge weit hinter der äußeren Erscheinung zurückliegt. Seine Seele ahnt das Ziel. Und er weiß, dass er wandert auf dem Weg zum Wesen aller Dinge.

Wir alle werden, auch wenn wir es selbst nicht wahrhaben wollen, von unserem Leben geformt. Von unserer Erziehung, unserer Bildung, unseren Erfolgen und Misserfolgen, von unseren Ängsten und Freuden, aber auch von Liebe und Hassgefühlen. All das macht letztlich unsere Persönlichkeit aus oder das, was wir eben darunter verstehen. All diese Konventionen, Denkschemen und Leidenschaften machen uns aber nicht zu freieren Menschen.

Gleich Schauspielern bewegen wir uns auf der Bühne des Lebens und halten diese für die Wirklichkeit, ja für das Leben selbst. Dies muss zwangsläufig dazu führen, dass wir uns im Laufe unseres Lebens mit der uns angelernten Rolle, die wir eben in der Gesellschaft spielen, voll und ganz identifizieren. Wir messen ihr eine Bedeutung bei, die ihr in Wahrheit nicht zukommt. Indem wir uns so ungeheuer wichtig nehmen, das große Spiel nicht durchschauen, verfallen wir in den Trugschluss, dass dies unser wahres Selbst ausmacht. Im profanen Leben mag diese Einstellung ja durchaus erfolgversprechend sein, wenn oft auch auf Kosten anderer. In der Loge haben Wichtigtuerei und übersteigerter Ehrgeiz nichts verloren.

Wie viele aber sind es, die sich von ihrer Rolle nicht trügen lassen, die nicht dem Charme des theatralischen Aufwands erliegen und die wissen, dass sie spielen? Die sich von Kostümen und Dekorationen nicht täuschen lassen und denen es einzig und allein darum geht, aus ihrer Rolle das Beste zu machen. Jedoch im Bewusstsein, dass es eben doch nur ihre Rolle ist und nicht ihr wahres Wesen. Die sich aber die Frage stellen: Was verbirgt sich hinter jener Bühne, die wir das Leben nennen? Wer verbirgt sich hinter der Rolle, die wir Persönlichkeit nennen? Wer ist es, der sich stets verstellend auf der Szene zeigt?

Die Antwort auf diese Fragen bekommen wir „jenseits des Grabes". Nur über den Abgrund in uns selbst werden wir zu dieser Erkenntnis gelangen. In der Abgeschiedenheit und Stille wird sich der Darsteller enthüllen. Er ist Vermittler, ja Auslöser unserer gesamten Ausdruckskraft. Wer sich selbst unter der Maske seiner Persönlichkeit erkennen kann, tritt auf diese Weise ins urwesentliche Leben ein. Er wird sich nicht länger mit dem erkünstelten Schein seines Daseins begnügen. Ohne seine Rolle, sprich: seine Pflichten zu vernachlässigen, wird er sich immer mehr dem Wesentlichen seiner selbst zuwenden. Denn er weiß, dass alles Übrige nur von kurzer Dauer ist.

Viele sind ängstlich darauf bedacht, Gedanken an die Endlichkeit allen Lebens in sich nur ja nicht aufkommen zu lassen. Geschieht dies dann doch einmal, so unternehmen sie alles ihnen Mögliche, diese augenblicklich aus dem Bewusstsein zu verdrängen. Mit dem Erfolg, dass diese dann doch immer wieder hervorkommen. Denn Gedanken sind im wahrsten Sinn des Wortes frei.

Auch ich war so ein „Verdränger". Es ging mir bei diesem Verdrängen längst nicht nur um das Wissen um den eigenen Tod. In diesem Punkt „spiele ich schon längst nicht mehr auf Verlängerung", wie mein Bruder Christian, für den ich einst bürgte, offenbar erkannte und es in einem seiner Gedichtbände, wenn auch anonymisiert, zum Ausdruck brachte. Nein, alles was meine Befindlichkeit störte, was nicht meinem Selbstbildnis entsprach, wurde von mir radikal ausgeblendet. In den seelischen Abfalleimer meines Unbewussten entsorgt. Dazu gehörten auch die durchaus berechtigten Sorgen um Zukunft und Gesundheit. Auch diese wurden viel zu lange Zeit „erfolgreich" von mir ausgeblendet. Den Blick in unseren berühmten kleinen Spiegel habe ich stets gemieden „wie der Teufel das Weihwasser". Und der Umstand, dass andere offenbar glauben, mich besser als ich mich selbst zu kennen, wird mich wohl für den Rest meines Lebens begleiten. Aber im „Ewigen Osten" bleibt ja noch genügend Zeit zur Selbsterkenntnis.

Der Tod will verstanden sein und ohne dieses Verständnis gibt es keine wirkliche Selbsterkenntnis. Eine Erkenntnis, die letztlich bis zu jenem Paradoxon führt, dass man so ausdrücken könnte: „Um wirklich zu leben, muss gestorben sein."

Sei uns der Tod ein Übergang in ein neues Leben, die Stufe zu einer Wiedergeburt oder einfach nur das Ende. Keine der drei Auffassungen sollte eine andere Wirkung auf uns haben als den Ansporn zur Tat, so lange dies noch möglich ist.

Mögen wir in einem Jenseits vor die Gottheit treten, im „Ewigen Osten" eine höhere Stufe der Vervollkommnung erreichen oder einfach nur im Unbewussten ausruhen. Nichts von all dem kann uns von der Forderung entbinden, hier und jetzt unser Bestes zu geben. Unsere Menschenpflicht zu erfüllen, solange es noch Tag ist.

Die Bedeutung der Rose

Für ihn bürgen zu dürfen, war allein schon Rechtfertigung genug für mein bisheriges Freimaurerdasein, entschädigte mich für manch herbe Enttäuschung. Die Rede ist von jenem zuvor erwähnten Christian, einem Dichter, Maler und Journalisten. Er ist das, was man als wahren Schöngeist bezeichnen kann. Schon bei unserer ersten Begegnung hatte ich das Gefühl, dass es sich bei ihm um einen echten Suchenden handelt. Ein Eindruck, der sich von Treffen zu Treffen noch vertiefen sollte. Die Aufnahmegespräche verliefen dann auch ganz in diesem Sinne. Einzige Bedenken weniger Brüder waren, dass Christian vielleicht zu intellektuell für unseren Kreis sein könnte. Auch glaubte mancher eine gewisse Überheblichkeit zu erkennen:

Bei der Beantwortung des Fragebogens anlässlich des Aufnahmeverfahrens antwortete Christian nämlich auf die Frage: »Sind Sie vorbestraft?« mit »Nein« und auf die darauffolgende Frage: »Warum?« mit »Grundlos«. Mein Freund war also grundlos nicht vorbestraft. Ein Umstand, der bei den Brüdern der Groß-Loge auf große Irritation stieß. Machte sich dieser Suchende etwa lustig?

Unser Stuhlmeister wurde auch prompt um Aufklärung gebeten. Mit ernster Miene richtete dieser dann die Frage an mich: »Was heißt, er ist grundlos nicht vorbestraft? Sag, will uns der verarschen? Und wenn ja, dann fliegt er!« Entgegen meiner Überzeugung verneinte ich dies: »Nein, er will uns gewiss nicht verarschen, es kann sich nur um ein Missverständnis handeln!« Der Meister gab sich damit zufrieden und somit stand einer Aufnahme nichts mehr im Wege.

Die maurerische Laufbahn meines Freundes verlief dann auch vorbildhaft. Im Gegensatz zu meinem Bürgen, sah ich mich als sein Bürge niemals genötigt, einzuschreiten oder gar ihn in die Schranken weisen zu müssen. Zusätzlich war es mir auch vergönnt, ihn als „Vorbereitender Meister" durch seine Lehrlings- und Gesellenzeit begleiten zu dürfen. Mittlerweile war er selbst Vorbereitender Meister, ist ein hoch geschätztes Mitglied unserer Loge, da er entscheidend an deren geistiger Weiterentwicklung mitwirkt. Bei einem von Christians stets tollen, tiefsinnigen Baustücken kommt dies mit aller Deutlichkeit hervor. Er sprach über die Bedeutung der Rose, deren Ursprung in unserer Loge in einer mystischen Vorstellung liegt, hinter der sich ein Geheimnis verbirgt.

Auszug aus Christians Baustück:

»... Es gibt unter Brüdern verschiedenste Erklärungen, was denn die Rose für eine Bedeutung habe, für mich aber symbolisiert sie ganz wesentlich ein Geheimnis. Dieses Geheimnis liegt scheinbar offen vor uns auf dem „Tapis" (Arbeitsteppich der Loge), doch tatsächlich ist es verborgen. Nun sagen wir gern, die Freimaurer hätten kein Geheimnis. Ich betrachte diese Aussage als Schutzbehauptung und Abwehrzauber gegen Verschwörungstheorien von außen, die uns Geheimnisse – und vermutlich nicht solche der menschenfreundlichsten Sorte – unterstellen.

Unterstellungen sind etwas sehr Übles und können Beziehungen vergiften. So ist unsere Beziehung zu den Menschen außerhalb der Loge nicht unproblematisch, auch umgekehrt, darum beharren wir auf unserer „Deckung". Doch wenn eine Unterstellung übel ist, ist sie darum auch falsch? Ich denke nicht, denn ich bin ziemlich sicher, dass wir Freimaurer ein Geheimnis haben. Und daran erinnert uns in der Loge die Rose. Für viele von uns ist es so geheim, dass wir es nicht einmal selbst erkennen. So kann es kein Zufall sein, dass wir den Prozess der Selbsterkenntnis als den schwierigsten des Maurers erleben und uns damit trösten, dass er nie abgeschlossen sei. Ich meine, wenn er auch nur in die Nähe eines Abschlusses käme, würde sich das Geheimnis eröffnen – aber damit warten wir lieber bis zum Tod. Immerhin wird uns im Moment des Todes, der in einer Radikalität unser ist wie nichts zuvor, klar, wer wir sind oder wer wir waren. Wer bin ich? Diese Frage, darauf dürfen wir vertrauen, beantwortet sich dann.

Die Rose aber, dieses nicht zum klassischen Ritual gehörige Symbol, das noch dazu auf dem Tapis, und das heißt auf der Welt und dem Leben, liegt – denn der Tapis symbolisiert sowohl Welt wie Leben –, kann uns etwas über das Geheimnis sagen. Sie ist eine Überschreitung, ein Zeichen aus einer noch einmal anderen Welt als der Loge. Traditionell das Symbol für die Liebe, weist sie weit über unsere Bruderschaft hinaus.

Wir bauen am Tempel der allgemeinen Menschenliebe. Doch die Rose zeigt uns, dass das nicht genug ist. Menschenliebe ist eben nur ein Teil der Liebe, die Rose aber will alles, die ganze Liebe. Und die geht über den Menschen und die Menschheit hinaus. Zwar nicht im Sinne einer religiösen Transzendenz in einen Himmel oder unter die Fittiche eines Gottes, sondern über die Menschheit hinaus in ein Dasein, dass die Kategorien „Mensch" oder „Menschheit" nicht mehr braucht. Wo wir uns von anderen Wesen weniger geschieden, als mit ihnen verbunden fühlen. Die Rose ist aber kein Traktat, der uns zu dieser Überschreitung überreden möchte. Sie ist kein nietzscheanisches Jenseits, wo der Übermensch sein Dasein hat. Sie ist keine philosophische oder gar esoterische Anleitung, wie in die Transzendenz zu kommen wäre. Sie ist nur ein stilles Zeichen. Ein Zeichen dafür, wie schön sich etwas auswachsen kann, wenn man es vorsichtig behandelt.

Die Blütenblätter der Rose sind keiner abgezirkelten Schönheitsvorstellung entnommen. Sie sind einfach so schön gewachsen. Die Betonung liegt auf „gewachsen", ein Prozess, den wir selbst durchlaufen, aber kaum verstehen. Wir möchten gestalten, wir möchten bauen: einen Tempel der Menschenliebe, eine bessere Welt, eine

Zukunft für die, die nach uns kommen. Mit Wachsen hat das nichts zu tun. Wachsen bedeutet letztlich, darauf zu vertrauen, dass ein Entwicklungsprozess für sich selbst sorgt. Es geht nur darum, der verspürten Richtung zu entsprechen. Kein geradliniger Pfeil gibt sie vor, sondern die Windungen einer Rosenblüte. Daran erinnern uns die so merkwürdig gewachsenen Blütenblätter der Rose. Denn wer würde auf die Idee kommen, sie so anzulegen, wenn er eine Blume konstruieren müsste? Beim Tempel denken wir an eine eckige Sache, mit speziellen, harten Werkzeugen erbaut. Die weichen Blütenblätter aber wissen von alledem nichts – und sind doch faszinierender als jedes steinerne Gebilde von Menschenhand. Die Rose ist zart. Sie hat aber auch Stacheln, die wehtun können – beides verweist darauf, mit allem behutsam umzugehen. Und ganz besonders mit einem Geheimnis. Behutsamkeit ist gefordert, um es weder durch grobes Anpacken zu zerstören noch sich selbst durch unvorsichtiges Handhaben zu verletzen.

Betrachten wir nur den Tapis. Ist da irgendwas drauf, das gewachsen wäre? Bei Sonne und Mond möchte ich nicht von Wachstum reden, auch wenn sie existieren und Phasen ihrer Existenz durchlaufen. Wir haben also eine Welt vor uns, in der dem Wachstum kein Symbol zukommt. Allerdings liegt eine Pflanze auf der obersten Stufe der siebenstufigen Treppe unseres Tapis, ein abgebrochener Akazienzweig. Wo der hinweist, habe ich angedeutet – die Selbsterkenntnis ist nicht billiger zu haben. In unserer Loge haben wir die Rose, ein Symbol für Wachstum, bei fast allen Arbeiten auf dem Tapis. Und wenn nicht, dann steht der Tod im Raum. Die Rose wird am Ende jeder Arbeit von einem Aufseher einem Bruder überreicht. Nicht als Belohnung, vielleicht ein bisschen als Tröstung, sicher auch als Ausdruck von Hochachtung und Respekt. Doch eigentlich wird das Geheimnis symbolisch unter den Brüdern weitergegeben. Nimm es mit, trage es nach Hause, aber bewahre es in deinem Herzen!

Es ist ein großes Geheimnis, ein fürchterliches Geheimnis, das falsch verstanden zu den schlimmsten Gräueln unter den Menschen führen kann. Und leider ist es auch unvorsichtigerweise immer wieder gelüftet worden. Die Nazis, die Kommunisten und heute die Islamisten haben es laut hinausgeschrien und damit Millionen Menschen ins Unglück, ja in den Tod gestürzt. Das Geheimnis aber, und es sei geflüstert und gleich wieder vergessen, lautet: „Der Mensch ist nicht genug. Er will eine Rose sein, er muss eine Rose sein: ein weiches, wunderschönes Wesen mit Stacheln" – auch wenn wir dazu Dornen sagen, was nicht ganz korrekt ist. Natürlich will sich niemand in eine Rose verwandeln, das klingt ja nach einer Strafe der Wiedergeburt auf niedrigerer Stufe. Aber wir schätzen die Metapher, das Wort, das mehr sagt, als nur einen Sachverhalt, eine Funktion zu beschreiben. Also zur Rose werden – denn das heißt in Liebe aufzugehen. Und genau das ist das Geheimnis und zugleich unsere Aufgabe: Uns Menschen in der Liebe aufgehen lassen.

Noch so ein Wort wie „wachsen": „aufgehen". Wir schreiben es der Sonne zu, aber auch den Blüten, wenn die Sonne sie endlich trifft. Die Sonne geht im Osten auf, ihr Licht, das der Meister in die Loge bringt, lässt auch in uns etwas aufgehen: die ersehnte Selbsterkenntnis. Dabei steht der Mond noch am Himmel, sein Abglanz ist unsere letzte Erkenntnis.

Die Liebe will nichts. Außer zu lieben, und das heißt alles beleben. Wenn wir aber in der Liebe aufgehen wollen und alles beleben möchten, müssen wir aus unserer gegenwärtigen Gestalt und aus unserem gegenwärtigen Bewusstsein herauswachsen. Wir müssen unser Dasein transzendieren und zwar, da wir nun einmal Erdenwesen sind, Stück für Stück, Generation für Generation, Äon für Äon und mit gewaltigen Rückschlägen. Die drei Ideologien, die ich genannt habe, wollten und wollen es mit Gewalt durchsetzen. Sie wollen einen neuen Menschen, der weit über dem alten steht, der gottgleich – und das heißt: die Liebe – ist. Auch ihr Ziel ist die Liebe, eine Verbindung von allem mit allem, das alles belebt. Aber sie haben keine Geduld, sie ignorieren die Stacheln an den Rosen, verletzten sich daran und stechen andere damit. Schließlich verbreiten sie im Namen der Liebe nur Tod statt Leben.

Ich lasse es dahingestellt, ob die Freimaurerei etwas vom Geheimnis weiß – viele Maurer wissen davon oder ahnen es. Die anderen unserer Brüder bilden einen Verein zur gegenseitigen Bekundung ihrer eigenen Bedeutung. Man nennt das auch Humanismus. Nicht zufällig hat die Rose darin keinen Platz. Sie ist keine Humanistin. Sie ist nicht einmal human.

Sie ist still, beherrscht also die Kunst der Verschwiegenheit bis zur Vollendung. Sie scheint bedeutungslos, mit ihr kann man in der Loge kein Geschäft machen. Sie ist eine Gabe an den Bruder, nichts, was einem selbst nutzt. Kurz, sie ist das, wovor wir uns eigentlich am meisten fürchten: uns als Mensch selbst in der Liebe aufgehen zu lassen, zu wachsen und nicht nur zu gestalten, zu blühen und nicht nur zu funktionieren. Von der Rose können wir lernen, über die Freimaurerei hinauszuwachsen und im Licht der Erkenntnis aufzugehen. Aber haben wir den Mut dazu?«

Die Freimaurerei war immer schon

Da auch, wenn nur kurzzeitiges, Mitglied einer Forschungs-Loge, war es selbstverständlich, mir von Zeit zu Zeit auch Fragen wie: Woher kommen wir? zu stellen. Ich erhoffte mir nähere Aufschlüsse über Wesen, Sinn und Zweck der Maurerei sowie Erkenntnisse über den Ursprung unserer Symbolik und deren auffallend jüdische Prägung zu bekommen. Durch ein tieferes Wissen über die Vergangenheit wollte ich erfahren, was Freimaurerei ist, wann und wo es sie gegeben und wodurch sie zu allen Zeiten zwar gefördert, aber stets auch behindert wurde.

Selbstverständlich ist es nützlich, auch von großen Geistern der Vergangenheit zu lernen. Diese Menschen können jedoch nur aus ihrer Zeit und den damaligen Lebensumständen heraus verstanden werden. Der Versuch, sich in diese Menschen hineinzuversetzen, muss jedoch scheitern. Wenn man also Gedanken großer Geister der Vergangenheit zitiert, was eine Leidenschaft vieler Brüder ist, so ist zu bedenken: Es sind eben nicht wir, die diese Gedanken hatten, sondern andere, uns fremde Menschen, von denen wir zumeist auch nur sehr wenig wissen, genauso wie wir uns auch von der Zeit, in der diese lebten, keine rechte Vorstellung machen können. Diese Gedanken werden daher niemals unser Besitz sein. Dennoch verstehen viele der Brüder ihre Baustücke als eine Aneinanderreihung von Zitaten „Großer Geister".

Ursprünge und Quellen, aus denen unsere heutige moderne Freimaurerei hervorgegangen ist, haben unter Freimaurern stets zu Diskussionen geführt. Die Autoren der maurerischen Geschichte haben zu verschiedenen Zeiten ihre Herkunft von unzähligen Quellen herzuleiten versucht und nicht immer dürfte es seriöser Forschungstrieb gewesen sein, der sie leitete – z.B. Tempel des Königs Salomon, Kreuzfahrer, Tempelritter, Rosenkreuzer des 16. Jahrhunderts, Sir Christopher Wren beim Bau der St. Pauls Kathedrale, Bauhütten des Mittelalters und so weiter.

Es ist viel Fantastisches und zum Teil gar an den Haaren Herbeigezogenes über die Ursprünge unseres Bundes behauptet worden. Dies dürfte zum einen daran liegen, dass man unserem Bund ein möglichst hohes und ehrwürdiges Alter verleihen wollte und zum anderen, dass man Idee und äußere Hülle stets verwechselte. Name, Hülle und Einkleidung des maurerischen Gedankenguts sind wandelbar, die Idee jedoch ist zeitlos: „Die Freimaurerei war immer!"

In Lessings Schrift: „Die Erziehung des Menschengeschlechts" kommt diese große, ewige Idee, die ja wahrhaftig tief im Wesen von uns Menschen verwurzelt zu sein scheint, in all ihrer Klarheit zum Ausdruck:

»Der Verfasser hat sich darin auf einen Hügel gestellt, von welchem er etwas mehr als den vorgeschriebenen Weg seines heutigen Tages zu übersehen glaubt. Aber er ruft keinen eilfertigen Wanderer, der nur das Nachtlager bald zu erreichen wünscht, von seinem Pfade. Er verlangt nicht, dass die Aussicht, die ihn entzücke, auch jedes andere Auge entzücken müsse. Und so, dächte ich, könnte man ihn ja wohl stehen und staunen lassen, wo er steht und staunt!

Wenn er aus der unermesslichen Ferne, die ein sanftes Abendrot seinem Blicke weder ganz verhüllt noch ganz entdeckt, nun gar einen Fingerzeig mitbrächte, um den ich oft verlegen gewesen!

Ich meine diesen. – Warum wollen wir in allen positiven Religionen nicht lieber weiter nichts als den Gang erblicken, nach welchem sich der menschliche Verstand jedes Orts einzig und allein entwickeln können und noch ferner entwickeln soll, als über eine derselben entweder lächeln oder zürnen? Diesen unseren Hohn, diesen unseren Unwillen, verdiente in der besten Welt nichts: und nur die Religionen sollten ihn verdienen? Gott hätte seine Hand bei allem im Spiele: nur bei unseren Irrtümern nicht?«

Die tiefsinnigen Zeilen des Dichters drücken das Unaussprechliche aus, das für den Freimaurer ja tatsächlich ein Geheimnis ist: Wer es zu erkennen glaubt, dem verschließt es den Mund, da er keinerlei Notwendigkeit verspürt, dieses von ihm selbst Erahnte und Gefühlte dem nicht darauf Vorbereiteten aus reiner Schwatzsucht mitzuteilen und sich mit seinem persönlichen Erlebnis wichtig zu machen.

Alle Weltreligionen hatten ihren mystischen Flügel, der aus gleichem inneren Erlebnis zu gleichen Ergebnissen gelangte. Der Glaube: „Alles in einem und eines in allem" wurde immer wieder – zum Wohle des Menschen – gefunden, von den Cusanern, den Templern, den Rosenkreuzern sowie Leibnitz und Goethe, ja letztlich auch von den modernen Naturwissenschaften. Dass wir Menschen „Wanderer zwischen zwei Welten" sind, wurde bereits in den „Mysterien" erkannt. Es scheint mir nicht wahrscheinlich, dass sich die großen Geister hier bloß das Wasser weiterreichten, sondern aus ein und derselben geistigen Quelle schöpften. Sicher ist: sie alle kannten die Einweihung und vollzogen einen mysterienähnlichen Ritus. Und diese Einweihung findet in der Freimaurerei ihre Fortsetzung. Wir sind offenbar der einzige weltliche Männerbund, der die Einweihung noch kennt und den „Stirb und Werde"-Ritus in seinem Innersten bis heute erhalten hat.

Lessing sieht das wahre Wesen der Maurerei in der Erziehung des Menschen zur Humanität: Erziehung bedeutet Offenbarung, die dem einzelnen Menschen geschieht. Offenbarung ist Erziehung, die dem Menschengeschlecht geschehen ist und noch geschieht. Als Beispiel zieht Lessing hier das israelitische Volk heran, das von Gott durch Moses diese Offenbarung erhalten hatte und durch diese Offenbarung in späterer Folge seine früheren Unterdrücker, die Ägypter bei weitem überflügelte.

Der Philosoph und Freimaurer Karl Leonhard Reinhold (1758–1828) geht hier noch viel weiter als Lessing. In seiner Schrift „Die Hebräischen Mysterien“ bezeichnet er diese als die älteste religiöse Freimaurerei. Freimaurerei bedeutet nach Auffassung Reinholds eine Geheimnis-Religion, die ihr Geheimnis hinter einer Fülle von „Symbolen, Zeremonien und Ritualgesetzen“ verbirgt. Reinhold versucht nachzuweisen, warum er in den 613 Geboten und Verboten der Thora nichts anderes als „Symbole, Zeremonien und Ritualgesetze“ erblickt, und diese für ihn eine getreue Kopie der geheimen Religion der Ägypter darstellen, in die Moses eingeweiht war.

Bei Reinhold ist es jedoch nicht Gott, sondern Moses, der die Religion, d.h. die ägyptischen Mysterien, die er seinem Volk übermitteln möchte, deren beschränkter Fassungskraft angleicht: Den Gott, welchen er selbst in den Mysterien geschaut hat, kann er seinem primitiven Volk unmöglich offenbaren, denn die „All-eine“ Gottheit der Mysterien würde das Fassungsvermögen normaler Menschen übersteigen, auch ließe sich darauf keine politische Herrschaft und zivile Gesellschaft gründen. Daher verkündete er den Hebräern „seinen Jehova“ als den „Schutzgott der Nation“, zu der er sie formen will.

Diese Gottesidee ist also eine reine Fiktion, der Gott des Alten Testaments die Anpassung eines erhabenen Gottesbegriffs der Mysterien an einfache Menschen. Diese These ist umso atemberaubender, als wir der Gründung des jüdischen Staates unsere zwei Weltreligionen, der Mosaischen Religion einen großen Teil der Aufklärung verdanken – durch sie erst wurde die Lehre vom „Einen Gott“ zum Allgemeingut! Nur so konnte blinder Glaube langsam zu einem Vernunftbegriff reifen und der Menschheit so lange, traurige Irrwege erspart bleiben.

Reinhold wird schließlich deutlicher: »Unsere erste Aufnahme und Einführung in den Orden (Freimaurerbund) ist in ihren wesentlichen Zeremonien ein unverkennbares Bild der Aufnahme der Israeliten zum Volke Gottes und ihre Einführung in das Land der Verheißung. Haben wir nicht alle so wie die Israeliten einen langweiligen und schaudervollen Aufenthalt in einem wüsten Vorbereitungsorte, einen Durchzug durch Feuer und Wasser, eine mühe- und gefahrvolle Reise zurücklegen müssen, bevor wir an der heiligen Stätte angelangten (Rezeption)?«

Die Geschichte vom Auszug aus Ägypten gehört gewiss zu den Gründungsmythen der westlichen Welt, aus denen nicht nur das Judentum, sondern auch das christliche Abendland sein Selbstbild und seine Werte bezieht. Aus Ägypten musste ausgezogen werden, um in die Welt einzuziehen, in der Juden und Christen bis heute leben.

Und so dürfte auch die Frage nach der starken jüdischen Färbung unserer Rituale beantwortet sein. Wenn wir daher die Bedeutung des jüdischen Volkes studierten, würden wir klarer deren Schicksal begreifen. Sie sind gleichsam das Symbol des Menschengeschlechtes als Ganzes. Sie sind die ewigen Wanderer und Suchenden wie auch der einzelne Mensch ein Suchender ist. Ihre Geschichte als Ganzes ist die Geschichte des einzelnen Menschen und, wie mich dünkt, zumindest ein wesentlicher Teil der Geschichte der Freimaurerei!

Die Bruderhand

Glücklich, wer der Zeiten Drangsal
an der Liebe Hand durchschreitet!
Glücklich, wen durch Meinungswirren ihre treue Fahne leitet!
Selig, wer an Bruderhand seinen Weg zum Tempel,
ins Asyl der Liebe fand!

Das sind Worte eines Stuhlmeister in der angespannten, menschenfeindlichen Atmosphäre der Dreißigerjahre des vorigen Jahrhunderts. Worte, die einen erkennen lassen, dass der maurerische Gedanke auch ohne äußere Formen und Logenversammlungen überleben kann. Denn die Logen waren damals bereits geschlossen. Die Arbeit ruhte und zahlreiche Brüder lebten in der Emigration. Seltsamerweise waren es gerade sie, die Vertriebenen, die sich auf rührende Weise um ihre in Wien zurückgebliebenen Brüder sorgten. Originalbriefe beweisen eindrucksvoll, wie sie sich immer wieder nach dem Befinden ihrer Wiener Brüder erkundigten, diese fragten, womit sie denn helfen könnten, wie viel Geld denn benötigt werde.

Wenn in unseren Tempeln immer wieder die Aufforderung „Zurück zu den Fundamenten“ laut wird, so denke ich hier an diese schlichten Worte eines Stuhlmeisters! Aber auch an Brüder in der Emigration, für die der Satz »Die Kette unserer Herzen bleibt geschlossen« offenbar keine leere Phrase darstellte. Liegt nicht der ursprünglichste Zweck unseres Bundes auch darin, gerade in Zeiten der Bedrängnis, dem Bruder die Hand zu reichen. Eine gelebte Gesinnung, die zu einem späteren Zeitpunkt im symbolischen „Meister-Griff“ wohl seinen schönsten Ausdruck findet. Ist es nicht das, worauf wir uns besinnen sollten, wenn wir uns schon auf unsere Fundamente berufen und uns dann doch von Zeit zu Zeit in einem maurerischen „Labyrinth“ verlieren? Wenn wir im Brudergedanken schon kein Fundament sehen wollen, bedeutet dieser doch den entscheidenden inneren Zusammenhalt unseres Tempels. Vielmehr als Mystik und Magie dies vermögen!

Wann hatte sich denn zum ersten Mal Mystik und Magie in unseren Orden eingeschlichen? Wenn ich nicht irre, war dies etwa um die Mitte des 18. Jahrhunderts, als Geheimwissenschaften wie Alchemie und Ähnliches in unseren Tempeln Einzug hielten und uns offenbar bis zum heutigen Tag erhalten geblieben sind. Als diverse „Ritterspiele", Templergrade, Rosenkreuzertum, aber auch politische Umtriebe der Brüder wie wild um sich zu wuchern begannen und den ursprünglichen, maurerischen Gedanken immer mehr umnebelten. Keine hundert Jahre später sollte es schlimmer kommen: In Deutschland begannen sich die ersten nationalen Logen zu bilden und führten damit die maurerische Idee endgültig ad absurdum. Was bedeutet denn eine nationale Weltenkette?

Als ich vor vielen Jahren in unserem ehrwürdigen Bund Aufnahme fand, war es vorzüglich der Brudergedanke, der mich fesselte – was mir in der Folge bekanntlich von manchen ja als Hang zu „netten Leuten" unterstellt wurde. Jener Gedanke, der offenbar so schwer begreifbar ist, dass man sein Augenmerk immer wieder jenen Dingen zuwendet, die meiner Meinung nach mit dem ursprünglichen Zweck unseres Bundes, wenn überhaupt, dann wohl nur am Rande zu tun haben. Schon Johann Gottfried Herder, auch Mitschöpfer unseres Rituals, hatte bereits im 18. Jahrhundert aller „Zeremonien und Geheimniskrämerei" eine deutliche Abfuhr erteilt. Herder und Schröder hatten damals nur eines im Sinn; nämlich unser Ritual von allem überflüssigen Beiwerk zu reinigen und es in seiner ursprünglichen Schlichtheit wiederherzustellen.

Da die Frage: „Was tun wir hier?" bei uns stets gern gestellt wurde, stelle auch ich nun provokant diese Frage in den Raum: Was tun wir hier? Was ist der Zweck unserer Arbeit? Was genau hatten die Gründer unseres Bundes im Auge, als sie den Plan für unseren Bau entwarfen, die Fundamente legten? Mystik und Magie dürften es wohl nicht gewesen sein, womit sie die Menschheit beglücken wollten, denn diese fanden erst viel später in unseren Logen Einzug. Mystik und Magie waren offenbar Ideen besonders erfinderischer Köpfe Mitte des 18. Jahrhunderts, um eine einfache, da menschliche und vernünftige Angelegenheit auszuschmücken und zu „bereichern". Die alten, wirklichen Maurer hatten damit aber kein Problem und ließen es großzügig geschehen. Hatten sie doch den wahren Zweck der Maurerei über all diesen Randerscheinungen stets vor Augen.

Wer jetzt etwa denkt, ich möchte unser Ritual in Zweifel ziehen, irrt. Denn genau das ist es nicht, was ich will. Ohne Ritual, das ja nur Ausdruck einer dem Menschen innewohnenden geistigen Kraft ist, würde die Maurerei wohl endgültig zu einem seelenlosen Club entarten. Ich halte es daher für etwas Elementares, Notwendiges und auch heute noch Unverzichtbares! Jedoch aus anderen Gründen, als manche meiner Brüder dies tun.

In der Maurerei sehe ich eine reinmenschliche Lehre, denn ihr Geist ist Liebe und Güte; ihre Waffen das Wahre, Gute, Gerechte und Schöne. Nur mit diesen streitend, begründet sie ihre Existenz. Durch äußere Mittel wirkt sie nicht. Moralisieren und Missionieren überlässt sie anderen, grelle Töne sind ihr unbekannt. Vereint mit aller menschlichen Kultur legt sie das Wahre offen dar und weckt im Menschen das vorurteilsfreie Verständnis für das Wesen der Menschheit. Dass sich die ältesten Stifter unseres Bundes dazu einer Symbolsprache bedienten, hatte mehrere Gründe. Für damals war dies notwendig und gut. Heute gilt dies, so glaube ich, jedoch nur mehr bedingt und man sollte sich in Acht nehmen, die äußere Hülle der Maurerei, wie etwa Brauchtum und Formen, nicht mit deren Inhalt zu verwechseln.

Leider stößt der Begriff „reinmenschliche Lehre" bei vielen auf Unverständnis, weil man dem Wort Mensch und noch viel mehr dem barmherzigen Wort Menschlichkeit oft Eigenschaften wie Schwäche und falsches Mitleid unterlegt. Milde lächelnd, ja beinahe verächtlich sprechen manche von einem „nur“ guten Menschen, so als hätte diesen die Menschlichkeit in einem Anfall von Schwäche übermannt. Das schöne Wort „Menschenliebe“ ist offenbar so trivial geworden, dass man lieber vorgibt, die ganze Menschheit zu lieben, um aber in Wahrheit keinen einzigen wirklich lieben zu müssen.

Humanität ist jedoch das Wesen der menschlichen Rasse! Sie ist uns aber nur von der Anlage her angeboren und muss von uns erst ausgebildet und veredelt werden. Wir bringen sie nicht fertig mit zur Welt. Sie sollte aber das Ziel all unserer Bestrebungen sein. Denn wenn der Dämon, der uns regiert, kein humaner Dämon ist, werden wir zu „Quälgeistern“ der Menschen! Bildung zur Humanität ist daher die wertvollste Ausbeute aller menschlichen Bemühungen. Ohne sie würden wir wohl in dunkelste Zeiten zurückfallen. Gäbe man dem Begriff „Humanität“ daher all seine Stärke und legte ihn als erste, unumgängliche Pflicht sich selbst und anderen ans Herz, alle Vorurteile von Religion und Rasse sowie das dümmste aller Vorurteile; nämlich das der schrankenlosen Vormachtstellung des Menschen über die Natur wären, wenn schon nicht zur Gänze behoben, so doch wenigstens relativiert.

Siege über Vorurteile können jedoch nur von innen heraus, und nicht von außen in uns hinein, errungen werden. Die Gesinnung macht den Menschen, nicht die Gesellschaft, in der er sich bewegt. Wenn sie vorhanden ist, formt sich die Gesellschaft von selbst. Denken wir nur an mehrere Menschen gleicher Gesinnung: auch ohne „Griff und Zeichen“ verstehen sie sich und bauen so im Stillen am großen, edlen Bau. Jeder, wie er kann, nach seinen Möglichkeiten. Weil er überzeugt ist, dass dieser unendliche Bau nur von aller Hände ausgeführt werden kann, so erfreut er sich auch am Werk anderer. Denn er weiß, dass dazu alle Zeiten und alle menschlichen Beziehungen benötigt werden.

Eine nur äußerliche Mitgliedschaft bei einem elitären Bund – wie etwa wir Freimaurer – wäre dafür zu wenig!

Alle einsichtigen Brüder, die klaren Verstandes und reinen Herzens sind, stimmen überein, dass, wenn unser Bund einen höheren Zweck verfolgt, dieser nur im gemeinschaftlichen Bestreben allgemeinmenschlicher Ziele bestehen kann. Etwas weniger verbreitet ist allerdings die Überzeugung, dass allgemeinmenschliche Dinge, wenn sie gelingen und nicht entarten sollen, nichts Geheimes sein dürfen! Leider herrscht jedoch bei vielen (auch Brüdern) noch immer der Wahn: die Freimaurerei sei im Besitz eines Geheimnisses, das der übrigen Menschheit unbekannt und über den Horizont von Wissenschaft, Kunst und Philosophie hinausreicht. Wir besitzen jedoch keinerlei Geheimnis, das über die allgemeine Kultur erhaben ist!

Die ältesten Freimaurer, die in persönlicher Vertrautheit an gemeinsamer Arbeit verbundene Baukünstler waren, verheimlichten allerdings den Nichtbaukünstlern zweierlei: erstens ihre Baukunst, um Erwerb und Fortbestehen ihrer Zunft zu sichern – und zweitens ihre fortschrittlicheren Ansichten über den Menschen und die Menschheit. In einer Zeit, wo Gewalt, Aberglaube und Unwissenheit herrschte, war dies jedoch eine Frage des Überlebens: Kirche und Staat duldeten keinerlei geheime Verbindungen neben sich. Nach dem Wiederaufleben der Wissenschaften und durch die Kirchenreformation wurde das Gedankengut jedoch immer mehr zum Gemeingut aller gebildeten Menschen. Der Humanitätsgedanke konnte immer mehr ans Licht des Tages treten. Die alten Maurer verheimlichten also damals nichts um der Sache selbst willen, sondern aus reinem Selbstschutz. In den alten Kunsturkunden gibt es ausdrückliche Erklärungen, welche den wahren Sinn der Geheimhaltung enthüllen. Und die Absicht erkennen lassen, dass man nach und nach gewillt war, sich aller überflüssig gewordenen Heimlichkeiten zu entledigen. Die Freunde des „Geheimnisses“ berufen sich also völlig zu Unrecht auf die ältesten Stifter unseres Bundes! Jede Gesellschaft hat ihre Perioden. Unsere Bruderschaft hat sie auch. Die erste Periode umschließt ihr Dasein als Gesellschaft wirklicher Baukünstler, welche die reinmenschliche Lehre, wie sie schon Vitruvius lehrte, in ihrem Innersten aus bereits genannten Gründen noch im Geheimen pflegen mussten.

Die zweite Periode wurde in London um 1717 durch den Zusammenschluss von vier Logen zu einer Großloge begründet. Das eigentümliche dieser Periode ist, dass die Freimaurerei sich ab diesem Zeitpunkt zur Gänze von der Baukunst und den Baugesellschaften losgesagt hatte. Sie mehr und mehr zu einem neutralen Boden reinmenschlicher Bestrebungen wurde. Allein die Zunftgebräuche und Formen wurden beibehalten und das „Geheimnis“ begann, wie anfangs schon erwähnt, etwa durch die Nachahmung von mächtigen Ritterorden (Templern) sowie politischer Umtriebe immer mehr um sich zu greifen. Man kann also erkennen, dass die damalige Reform sich nicht ausschließlich auf die ewige Grundidee, nämlich die Gründung eines Menschheitsbundes, stützte. Das natürliche Bedürfnis der Menschen, sich zu vereinigen, Barrieren und Grenzen zu überwinden und sich über alle Unterschiede hinaus brüderlich die Hände zu reichen, ist – wahrscheinlich durch den damaligen Zeitgeist bestimmt – zu wenig beachtet worden.

Jetzt wäre es aber hoch an der Zeit, dass unser Bund in seine dritte und vielleicht schönste Periode eintritt. Er sich von aller Sucht nach äußerem Ansehen seiner Mitglieder reinigt und nur mehr das Ansehen edler Menschlichkeit begehrt! Von den Irrwegen falscher Vorspiegelungen und Täuschungen sollten wir zum einfachen Weg der Güte und Wahrhaftigkeit zurückkehren! Uns von aller Geheimnissucht lösen, die ja nie zu den wahren Absichten unserer maurerischen Vorfahren zählte. Denn ein geheimer Menschenbund ist ein Gewissen, das nicht spricht, eine Sonne die nicht scheint, ein Leben, das sich in sich selbst verzehrt.

Diese Rückbesinnung auf unsere wahren Werte, unsere eigentlichen Fundamente ist in Anbetracht einer erwachenden, sich erhebenden Menschheit sogar unvermeidlich. Es ist unsere Pflicht als Maurer, mit all unseren Kräften dahin zu wirken und es wäre ein großes Versäumnis, dieser geistigen Umwandlung engstirnig zu widerstreben, die ja in Wahrheit bereits die besten unserer Brüder im Herzen ergriffen hat. Die Brüder und Logen, welche sich dieser Aufgaben annehmen, werden Wohltäter der Menschheit sein. Mitwelt und Nachwelt werden es ihnen danken!

Eine Selbstbegegnung

Die Tatsache, den höchsten Grad der Johannes-Maurerei erreicht zu haben, nämlich den Meistergrad, sollte noch nicht allzu viel bedeuten. Jeder der Brüder wird diesen über kurz oder lang, verdientermaßen oder auch nicht, automatisch erreichen. Der eine früher, der andere eben später und dies oft ungeachtet seiner maurerischen Reife. Denn wer sollte diese auch letztlich beurteilen?

Ich durfte mich also Freimaurer-Meister nennen, durfte bei Meister-Arbeiten mitwirken, und dies, obwohl ich mir durchaus bewusst war, dieses Grades noch nicht annähernd würdig zu sein. Denn einzig die Bedeutung eines „geheimnisvollen Zweiges" sowie den tieferen Sinn einer Legende (Hiram-Legende) erkannt zu haben glauben, sagt über meisterliche Qualitäten wenig bis gar nichts aus. Eine Legende, von der wir nicht einmal mit Sicherheit sagen können, wann und warum diese in das Meister-Ritual aufgenommen wurde.

Ist der Lehrling dazu angehalten, sich in erster Linie mit sich selbst zu befassen, seinen „Rauen Stein", sprich: seine Persönlichkeit von allen Unebenheiten, Ungereimtheiten, Ecken und Kanten zu befreien, so kann der Geselle nun daran gehen, sich gemeinschaftlich mit den anderen am „großen Werk" Arbeitenden als tätiger Mensch zu erweisen. Was ist das aber für ein Werk? Und schon bei dieser Frage scheiden sich so manche Geister: Zunächst ganz klar wir selbst, unser Geist, unser Gemüt und unser Herz; unsere Gedanken, Empfindungen, Neigungen und Handlungen; also unser ganzes inneres und äußeres Leben. Nur wenn alles Überflüssige entfernt ist, sind wir ganz und rein in unserer eigenen Wesenheit, ganz „wir selbst", empfänglich für alles Wahre, Gute und Schöne! Dann erst kann und soll man auch das Werk der Menschheit tätig fördern, der man ja als Teil von ihr angehört, wo man als Mensch für Menschen tätig sein kann!

Die Zeit des Gesellen symbolisiert die schönsten Mannesjahre. Und niemand, der den tiefen Sinn dahinter nicht begriffen hat, sich der wahren Bedeutung des „Großen Werks" nicht bewusst ist, sollte zur Erhebung in den Meistergrad vorgeschlagen werden! Man würde ihm damit einen schlechten Dienst erweisen! Vom werdenden Meister nämlich erwartet man, dass er die Bedeutung der Gesellen-Wanderungen erfasst hat, die tiefe Symbolik gerade der letzten Wanderung (Flammender Stern) verinnerlicht hat. So sollte er dann auch in der Lage sein, durch die Tiefen seines Lebens, durch Niederlagen und Misserfolge bewusst hindurchzugehen, um letztlich als geläuterter Mensch daraus hervorzugehen. Die Meisterschaft zeigt sich nämlich gerade darin, wie wir grundsätzlich mit Niederlagen umgehen – und dies ungeachtet ob diese von uns selbst verschuldet oder unverschuldet sind!

Ich hatte bis zum Zeitpunkt meiner Meistererhebung gewiss bereits zahlreiche Abgründe und Tiefen meines Lebens auszuloten begonnen, hatte endlich auch zu ahnen begonnen, warum mein bisheriger Lebensweg so ganz und gar nicht gerade verlaufen war, doch an jenem ganz entscheidenden Durchbruch, jener höheren Einsicht fehlte es noch. Was aber auch gar nicht weiter verwunderlich war, denn mein Leben war ja bisher von dramatischen Tiefschlägen weitestgehend verschont geblieben. Fast könnte man sagen: Ich war vom Schicksal bisher verwöhnt! Und daran sollte sich auch in nächster Zeit nur wenig ändern.

Dieser Abgrund, die Niederlage, gleichsam der „seelische Tod", den ich ja bei der Erhebung zumindest symbolisch erfahren hatte, ließ in der Realität glücklicherweise weiter auf sich warten. Doch dann und wann war da zumindest ein unbestimmtes Gefühl gleich einer Vorahnung, das ich in dieser Form noch nicht kannte: etwa Existenz- oder Zukunftsangst? Ganz sicher jedoch keine

Sorgen um meine Gesundheit, obwohl sich meine Schmerzen gar manchmal bis zur Unerträglichkeit steigerten und mir dies auch zu Denken gab. Auch keine Todesangst gar, denn wenigstens diese, so schien es mir, war durch das Erlebnis meiner Meistererhebung überwunden. Nein, eher eine Art von Beklemmung, ein Gefühl der Leere, ein schwarzes Loch, in das ich mich zuweilen, wenn auch ohne erkennbare äußere Ursache, fallen sah. Jenes schwarze Loch, von dem mein verstorbener Freund Otto so oft sprach. Er nannte es: „in die Grube fallen". Doch für ihn hatte dieses Gefühl, im Gegensatz zu mir, eine beklemmende Aktualität.

Angst gehört zur „Grundausstattung" an menschlichen Gefühlen. Auch andere Lebewesen sind nicht frei davon. Zweck von Angst ist es, einen zu aktivieren, gleichsam in einen Alarmzustand zu versetzen. Angst kann also durchaus hilfreich sein, denn sie hilft beim Überleben. Außerdem sendet sie einem deutliche Signale. Völlige Angstfreiheit ist daher keineswegs erstrebenswert, da einem dann ein wichtiger Entwicklungsreiz nicht mehr zur Verfügung stünde, man ziemlich naiv durch die Welt ginge und auf Gefahren nicht mehr mit der notwendigen Aufmerksamkeit reagieren würde. Angst verdeutlicht meist ein Auseinanderklaffen von innerlichen und äußeren Reizen und der noch etwas unentwickelten Fähigkeit, die damit verbundenen Herausforderungen zu bewältigen. Deshalb erlebt man Angst fast immer auch als Stress! Sie hat unzählige Gesichter, wie etwa: Todesangst, Existenzangst, Versagensangst, Zukunftsangst, die Angst vor Krankheiten und Verlusten.

Angst kann sich jedoch auch verdeckt äußern, ihre wahren Ursachen dem Betroffenen gleichsam wie durch einen „Schleier" verhüllen. Etwa durch scheinbar unbegründete Angstattacken, die sich jeglicher vernünftigen Erklärung entziehen, da die wahren Ursachen im Dunkeln liegen. Ängste, auch wenn sie noch so irreal erscheinen mögen, sind jedoch niemals grundlos!

Für mich war dies ein bedrohliches Gefühl, mit dem ich nicht so recht zu Rande kam und gegen das ich auch kein wirksames Gegenmittel hatte. Ein Zustand, über den ich aber auch meiner Frau und meinen intimsten Freunden und Bekannten gegenüber keine Silbe verlor. Dieses Gefühl der Beklemmung war nun stets präsent und währte über einen langen Zeitraum. Ich besuchte meine Loge nur mehr sporadisch, fand immer wieder Ausreden für mich selbst und die anderen, der maurerischen Arbeit fern zu bleiben. Da in früheren Zeiten ein eifriger Logenbesucher, gab meine plötzliche Absenz den Brüdern zu denken. Einige machten auch den Versuch, die Ursachen meines Fernbleibens zu ergründen. Jedoch vergeblich. Sie mussten schließlich resignieren.

Dann und wann verspürte ich jedoch wieder Optimismus und ungebrochene Lebensfreude, las viel, machte ausgedehnte Spaziergänge mit meinem Hund soweit meine Schmerzen dies erlaubten, besuchte regelmäßig mit meiner Frau unser Zweitdomizil am Attersee und genoss dies auch ungetrübt. Man unternahm gemeinsame Schiwanderungen. Immer mit von der Partie unser gemeinsamer Hund. Wurden die Schmerzen einmal zu arg, so legte ich einfach kleinere Pausen ein, verlor aber meiner Frau gegenüber kein Wort über die Ursachen. Ich rechtfertigte die Ruhepausen stets mit Müdigkeit oder Durstgefühl, was zumeist auch glaubhaft wirkte. Hatte meine vielbeschäftigte Frau einmal keine Zeit, so störte mich dies auch nicht, denn mein Hund hatte stets Zeit und auch viel Freude an unseren gemeinsamen Unternehmungen. Dieser, da selbst nicht mehr der Jüngste, Gesündeste und Schnellste, brachte auch jedwedes Verständnis für meine ausgiebigen Ruhepausen in diversen Hütten bei Bier und Schnaps auf. War dieser doch von seinem Naturell ein wahrer „Wirtshaushund", da immer gut bei Appetit. Die Augen meines Hundes blickten dann stets so, als wollten sie sagen: Lass dir ruhig Zeit, wir versäumen nichts!

Ich hatte also durchaus noch wunderbare, wenn auch nicht mehr ganz so ungetrübte „Meisterjahre" vor mir, ließ meinen bisherigen maurerischen Weg auch dann und wann mit kritischen Augen an mir vorüberziehen und lebte darüber hinaus einigermaßen sorgenfrei. Bis zu dem Tag, als sich an meinem Arbeitsplatz eine wahre Katastrophe abzuzeichnen begann, als zwei meiner Kollegen und „Brüder" wie wild geworden übereinander herfielen und sich gegenseitig einen Machtkampf lieferten, wie er unter „Brüdern" und Freunden niemals geschehen hätte dürfen. Es war dann nur mehr eine Frage der Zeit, bis ich ebenfalls in den Sog dieser unwürdigen Auseinandersetzung geriet und letztlich zu Recht um meine Existenz bangen musste.

Auch mein Gesundheitszustand verschlechterte sich und meine Gesamtverfassung, die ich nun nicht mehr vor anderen verbergen und überspielen konnte, war schlicht erbärmlich, meine Zukunft stand an der Kippe. Fast überflüssig zu erwähnen: Auch meine Ehe war gescheitert. Doch dies störte mich vorerst nicht weiter, war nicht mein wahres Problem, redete ich mir zumindest selbst ein. Hatte ich nicht in der Vergangenheit alles dorthin treiben lassen, alles nur Erdenkliche dazu beigetragen, oder besser: unterlassen, dass es zu diesem Ende kommen musste? Ja, hatte ich dieses Ende nicht sogar bewusst angesteuert und herbeigesehnt?

Ich war nie ein Mann großer Entscheidungen, ließ die Dinge lieber laufen, in der Hoffnung dass letztlich alles seinen richtigen Weg nimmt. Hier, so scheint es, stellte auch die Beziehung zu meiner Frau keine Ausnahme dar. Die Entscheidung, einen Schlussstrich zu ziehen, überließ ich daher lieber meiner jüngeren Frau, so wie ich auch in der Vergangenheit wichtige, aber mir wenig genehme Entscheidungen lieber anderen überlassen hatte.

Der Zufall, in Gestalt eines greisen Kabarettisten, kam mir dann zu Hilfe und entband mich so wieder einmal von jeglicher eigenen Verantwortung. Meine Frau fand Gefallen an diesem, eine völlig neue Welt, so schien es, tat sich für sie auf und ich war abgemeldet und vergessen. Doch ich hegte in meinem Innersten keinerlei Groll gegen den Nebenbuhler und schon gar nicht gegen meine Frau. War ich nicht von meiner wahren Einstellung her stets Junggeselle geblieben? Waren zwanzig Jahre Ehe nicht mehr als genug? War es nicht längst an der Zeit, einen zur Gewohnheit erstarrten Lebensraum hinter mir zu lassen und einen neuen, wenn auch noch unbekannten Raum, leichten Herzens zu betreten?

Das vierte kleine Licht

Eines wollte ich in dieser tristen, ja hoffnungslosen Stimmung gewiss nicht: seichte Gespräche führen. Es war einer dieser lauen Spätsommerabende im August, die eher geeignet wären, sie in einem lauschigen Garten mit netter Damen-Begleitung zu verbringen als in verrauchten, stickigen Bars. Mir war es jedoch ein Bedürfnis, jene Lokale aufzusuchen, in denen ich einst zu besseren Zeiten stets darauf zählen konnte, zahlreiche meiner maurerischen Brüder und Freunde anzutreffen. Zuletzt führte mich mein Weg in jene italienische Trattoria, und wieder herrschte dort – was hatte ich auch anderes erwartet – absolut gähnende Leere vor. Keine vertrauten Gesichter, nichts dergleichen was mich nur einigermaßen aufbauen könnte – lediglich ein paar gelangweilte, „Maulaffen“ feilbietende Typen mit dumpfem Gesichtsausdruck und ebenso dumpfer Bierlaune lehnten lustlos an der Bar. Die Musik dröhnte dazu in einer aufdringlichen und für mich unangenehmen Lautstärke, so wie dies eben in Lokalen üblich ist, in denen sich Menschen nichts zu sagen haben. Am liebsten hätte ich wieder auf dem Absatz kehrt gemacht.

Da mir an diesem Abend ebenfalls nicht nach Unterhaltung zumute war, ließ ich mich dann doch an einem Platz nieder, wo die Musik zumindest einigermaßen erträglich anzuhören war, und ich vom seichten Geschwätz der übrigen Gäste nur wenig mitbekam. Ich bestellte einige Gläser Wein, wechselte ein paar belanglose Worte mit dem Patrone, der an diesem Abend auf mich ebenfalls einen stumpfen Eindruck machte, und verfiel letztlich in einen stillen Dialog mit mir selbst.

Erinnerungen an vergangene Zeiten kamen in mir auf: die manchmal tiefsinnigen, manchmal aber auch nur skurrilen Gespräche mit meinen „Brüdern“, die hier oftmals bis in die späten Nachtstunden geführt wurden. Diese, wenn auch zumeist harmlosen Zänkereien, die ich mit ihnen manchmal in fortgeschrittener

Weinlaune ausgefochten hatte. Jedoch auch diese wirklich brüderlichen Gespräche, die man hier in gewissen Sternstunden zuweilen ebenfalls austauschen konnte. Es kamen Erinnerungen an meinen verstorbenen Freund Otto auf, mit dem ich hier einst unzählige Stunden verbrachte. So ganz hatte ich dessen Tod noch immer nicht überwunden. Ja, oftmals ertappte ich mich bei dem Gedanken, als würde die Lokaltür aufgehen und dieser in der ihm eigenen Weise auf mich zutreten: »Ich kann dir sagen, wo sind eigentlich die anderen? Langsam wird es aber Zeit, dass die kommen!«

Irgendwann besann ich mich dann, dass ich Selbstgespräche bei mir zu Hause ebenso gut führen könnte, und dies in weit besserer Luft bei einem herrlichen Wienblick von meiner Dachterrasse aus. Was sollte mich also noch länger hier halten? Der Wein ganz sicher nicht, denn dieser war entbehrlich. Eine Unterhaltung mit den übrigen Gästen käme fast einer Selbstgeißelung gleich, erschienen diese mir doch gerade so, als wären sie einem Buch des Spötters der Nation, Manfred Deix, entstiegen.

Ich zog es also vor, mich auf den Heimweg zu machen und den Rest dieser lauen Sommernacht auf meiner Terrasse zu verbringen. Wer weiß, wie viele solcher Nächte es in diesem Sommer noch geben würde? Gesellschaft könnte mir ja mein Hund leisten, was dieser dann auch nur zu gerne tat. Die Freude meines Spaniels angesichts meiner Heimkehr war überschwänglich. Man war ein Herz und eine Seele. Ich, der an diesem Tag aufgrund der extremen Hitze wieder von unerträglichen Schmerzen geplagt war, hatte schon einiges an Schmerzmitteln intus und wäre gut beraten gewesen, bei meinem weiteren Alkoholkonsum äußerst vorsichtig zu sein. Doch dies war mir einerlei, und ich gab mich ganz der Stimmung des Augenblicks hin und diese wurde auch immer besser. Ich öffnete eine Flasche Rotwein und erklomm damit leichten Schrittes die steilen Stufen zur Dachterrasse. Die Stufen, die mir sonst viel Anstrengung und Schmerzen bereiteten, erschienen mir diesmal geradezu mühelos.

Die Sonne war noch nicht zur Gänze untergegangen und der Ausblick über Wien an diesem Abend überwältigend. Selten zuvor hatte ich hier oben diesen Blick, weit über die Stadt hinaus bis in die Slowakei, in dieser Klarheit und Eindringlichkeit genießen können. Die Stunden vergingen, ohne dass ich mir dessen bewusst war. Ich hatte jegliches Zeitgefühl verloren. Als die ersten Sterne sich zeigten, bemerkte ich, dass es bereits Nacht war. Ich war vom Anblick des Sternenhimmels überwältigt und fühlte, wie meine Seele weiter und weiter wurde, wie Probleme, Schmerzen und Frust jäh von mir abzufallen schienen. Die gedämpfte Musik, die unaufdringlich und sanft aus dem unteren Teil der Wohnung an mein Ohr drang, tat dazu das ihrige.

Ich konnte an diesem Abend Details des Stadtbildes wahrnehmen, die mir bis dahin verborgen geblieben waren, und das, obschon der Wein langsam aber sicher seine Wirkung auszubreiten begann. Als ich, das Glas Wein in der Hand, aufstand und meinen Blick zum Sternenhimmel erhob, fühlte ich bereits eine leichte Benommenheit, gepaart mit Übelkeit. Ich maß dem jedoch keine Bedeutung bei. Doch dann ging es Schlag auf Schlag: Das Glas entglitt meinen Händen und zerbrach am Boden. Ich versuchte zwar, mich mit beiden Händen am Terrassengeländer abzustützen, um Halt zu suchen, jedoch vergeblich. Ein stechender Schmerz war das Letzte, was ich mitbekam.

Jener laue Sommerabend war es, der meinem Leben die radikale Wendung geben sollte. Offenbar hatten sich meine jüngsten, wenn auch nur vagen Angstgefühle doch als nicht grundlos herausgestellt. Denn es folgte bald eine fatale und für mich niederschmetternde Diagnose meiner Ärzte: Man hatte bei mir einen Knochentumor festgestellt und damit war auch das Rätsel meiner jahrelangen, oft unerträglichen Schmerzen gelöst. Doch wie seltsam, als ich endlich Gewissheit hatte, fühlte ich mich sogar erleichtert.

Nach einer mehr oder weniger erfolgreichen Therapie folgte für mich schließlich eine lange Zeit der Rehabilitation an einem wundervollen, fast mystischen Ort im Waldviertel. Zahllose Erinnerungen überkamen mich dort: an meine Kindheit, meine Jugend, meine Beziehungen, meine Sängerlaufbahn, aber auch die Zeit mit den Freimaurern. Vieles wurde mir klarer, bekam eine andere, tiefere Bedeutung – die Rezeption, die Beförderung, schließlich die Erhebung zum Meister.

Ich erhielt zahlreiche Besuche von Freunden und Brüdern. Die meisten der Besuche ermüdeten mich jedoch und hinterließen auch keinerlei nachhaltigen Eindruck. Manche der Besuche waren jedoch berührend und scheinen erwähnenswert. Wie etwa jener meiner Frau, von der ich ja schon die längste Zeit getrennt lebte und der meines leiblichen Bruders und dessen Frau. Die beiden waren ja die Vorbesitzer unseres Spaniels. Die Wiedersehensfreude meines Spaniels mit der so versammelten „Familie" war dann geradezu überwältigend. Beim Abschied blickte mein Hund mich mit einem langen, traurigen Blick an.

Auch mein lieber Freund Peter, der in Eggenburg im Waldviertel ein Haus besitzt, besuchte mich. Man unternahm gemeinsam mit seinem Hund, einem jungen Magyar Vizsla, einen Spaziergang in der näheren Umgebung und kehrte schließlich in einem gemütlichen, ländlichen Wirtshaus ein. Man sprach über dieses und jenes, über unser Berufsleben, unsere Freundschaften und Enttäuschungen. Auch die Maurerei wurde am Rande erwähnt. Die Schilderung meiner Sängerlaufbahn, der damit verbundenen Intrigen und Enttäuschungen, löste bei meinem Freund Betroffenheit aus. Zur Maurerei äußerte er Zweifel bezüglich dem, was wir imstande wären wirklich zu bewegen. Während wir so sprachen, hingen die Augen von Peters Hund fasziniert an unseren Augen, so als könnte er jedes Wort verstehen. Ein paar Tage später erreichte mich Peters Brief:

Mein lieber Bruder!

Es freut mich aufrichtig, dass es Dir besser geht. Was mich jedoch nachdenklich und etwas traurig stimmt, waren Deine etwas depressiven Worte über Deinen künstlerischen Werdegang, die so heiß ersehnte und nicht erreichte Sängerkarriere. Deine Enttäuschung muss, so denke ich, jedoch sehr tief sitzen. Ich kann Dich ja sogar verstehen und es liegt mir nichts ferner, als Dir auf diesem Weg einen billigen Trost zukommen zu lassen. Trotzdem bin ich es Dir schuldig, das alles so nicht im Raum stehen zu lassen, das von Dir gezeichnete Selbstbildnis so nicht anzuerkennen. Ich muss Dich dabei nur an Deine eigenen Gedanken erinnern, die Du uns allen einmal in tief beeindruckender Weise nahegebracht hast, und die mir in lebhafter Erinnerung geblieben sind. Auch Du, so denke ich, wirst Dich sicher noch darauf zurückbesinnen?
Glaubst Du denn, dass es auf Deinem Weg zur Menschwerdung von Bedeutung ist, ob Du ein Caruso, ein Domingo oder sonst wer geworden bist? Glaubst Du wirklich, dass es darauf ankommt, wenn Du Dein Leben vor Dir selbst rechtfertigen möchtest? Ich denke dies gewiss nicht, niemand wird Dir je diese Fragen stellen, denn sie haben keinen Wert, haben keine Bedeutung für Dein Menschsein. Entscheidend wird vielmehr sein, was Du aus Deinen eigenen Fähigkeiten, die Dich eben einzigartig machen, gemacht hast. Kannst Du am Ende ehrlich zu Dir selbst sagen: „Ich habe mich jedenfalls bemüht", so bist Du gerechtfertigt, hast die „Prüfung" bestanden. Das Leben, der ewige Sinn, gleichsam das „Göttliche" in Dir selbst, wird Dich klar erkennen lassen, was an Dir wirklich dran ist. Wenn dich das Wort „göttlich" stört, kannst Du es getrost weglassen, es kommt nicht darauf an.
Wenn Du also das Bedürfnis hast, Dein Leben vor Dir selbst zu rechtfertigen, denke, dass es hier niemals ein allgemeines, objektives Resultat geben kann. Es wird vielmehr drauf ankommen, dass Du Dein Wesen, das Dich eben einzigartig macht, in all Deinen

Handlungen so rein wie möglich zum Ausdruck bringst. Wenn Du Dein Leben einmal von dieser Warte betrachtest, wenn Du dabei alle Vergleiche mit anderen Menschen beiseite lässt, so glaube ich, wirst Du zu einer Erkenntnis gelangen, die Dich frei und glücklich macht, auch ohne „Freimaurer“ zu heißen.
Deine Kunst wird es letztlich sein, unter all den Erscheinungsformen des Lebens, mit Hilfe Deiner Maurerei, Deine Welt besser zu gestalten. Eine Frage wird Dir aber nicht erspart bleiben: Ob das, was Du als wahre Maurerei Dir erarbeitet hast, in der Praxis überhaupt realisierbar oder eine nicht umsetzbare Utopie ist?
Ich freue mich bereits auf den Moment, wenn wir gemeinsam wieder in der „Kette“ stehen und wünsche Dir noch einige entspannte, kontemplative Stunden an Deinem Erholungsort im stimmungsvollen, mystischen Waldviertel. Pass auf Dich auf!

Dein Bruder Peter

Auch der Besuch des neuen Stuhlmeisters blieb mir unvergesslich, obgleich die näheren Umstände beinahe gespenstisch waren. Während ein Fieberanfall, bedingt durch die enorme Schwächung meines Körpers, mir arg zu schaffen machte, ich von Schweißausbrüchen geplagt wurde, hatte ich jene seltsame Begegnung. Es war mir, als würde ich in eine andere Zeit, ja an den Beginn der Zeiten zurückversetzt. Ein Gefühl, als sollten mir jetzt all die ungelösten Fragen meines Lebens beantwortet werden, nahm von mir Besitz. Ich schaute in die Ferne, dann erschienen mir diese Dinge, und sie schienen für mich völlig real zu sein. Ich sah Licht, und ich sah Menschen. Mein Leben, mit allen Details, allen Facetten, Höhen und Tiefen zog gleichsam wie auf einer Filmleinwand an mir vorüber. Es war mir, als könnte ich mich von außen selbst betrachten.

In der „Unterirdischen Welt“, dem Innersten der Erde erschien mir Tubalkain, der Vater unserer Väter. Die Erscheinung übte auf mich eine seltsame Vertrautheit aus und ich wollte sie um alles in der Welt festhalten: »Mein Bruder, du mit deiner schönen, alten Seele, ich fühle, meine Sanduhr hat nicht mehr viel Sand. Jetzt, wo ich dich getroffen, ist mir dies klar. Du warst mir Hilfe, du warst mir Gefährte, du nahmst meine Hand, zeigtest mir den Wert der Schönheit und der Stärke. Von Weisheit geleitet geh ich die letzten Schritte allein hinüber, bis sich mein Kreis schließt.«

Tubalkain nahm meine Hand und führte mich ins Heiligtum des Feuers, wo ihm selbst einst das Geheimnis Gottes offenbart wurde, der ihm eines Nachts mit den Worten erschien: »Ich habe deinen Körper gedemütigt, du Nachkomme eines wunderbaren Geschlechts. Deine Kinder werden schwach zur Welt kommen; ihr Leben wird kurz, die Einsamkeit ihr Los sein. Sie werden den Menschen überlegen sein und sich als deren Wohltäter erweisen, doch stets ihrer Verachtung preisgegeben sein. Einzig ihre Gräber wird man ehren. Verkannt während des Lebens, werden sie schmerzlich ihre Kraft in sich fühlen und sie für jemand anders Ruhm gebrauchen. Voll Mitleid mit dem Elend der Menschen, wollen sie diese davor bewahren, aber man schenkt ihnen kein Gehör. Sie werden überlegen sein durch ihren Geist, aber trotzdem ein Spielzeug der Reichen und glücklicher Beschränktheit. Werkzeuge der Freiheit, werden sie selbst stets Sklaven bleiben, verachtet und einsam. Sie werden empfindsame Gemüter sein und ständig der Missgunst ausgesetzt, tatkräftige Geister und immer auf das Gute festgelegt ... Sie werden sich untereinander nicht erkennen!«

Ich öffnete die Augen und sah schemenhaft die Gesichtszüge des Stuhlmeisters, der an meinem Bett saß, schweigend meine Hand hielt und mir den Schweiß von der Stirn wischte.

Und auch jetzt war er es, der mir etwas vermitteln konnte, was ich nun dringender denn je benötigte: kein Mitleid, auch keine gespielte, peinliche Lustigkeit, sondern einfach nur menschliche Zuwendung und etwas Hoffnung. Und dies, obwohl mir sein besorgter Gesichtsausdruck nicht entgehen konnte. Jedoch man scherzte gemeinsam und lachte herzhaft. Mein Freund erzählte die neuesten Geschichten und Schwänke aus der Loge und ich war mit einem Mal bester Laune und vergnügt. Die „Puppenspieler“ waren dort offenbar wieder am Werk. Ich konnte von missglückten Ämterrochaden, ja gar von „Putschversuchen“ hören, was mich schon früher immer wieder köstlich amüsierte.

Als mein Freund gegangen war, wurde ich sehr nachdenklich. Irgendwas an meiner jetzigen Situation verband ich mit früheren Gedanken meines Freundes. Was aber war dies nur? Die Erinnerung daran wollte sich nicht einstellen. Es war etwas, was mich einst tief beeindruckte und genau jenes „Sterben im Leben“ ausdrückte. Doch dann schoss jäh die Erinnerung in mich ein. Trotz hohen Medikamentenspiegels standen die Worte meines Stuhlmeisters hell und klar vor meinem inneren Auge. Fast Wort für Wort war mir nun wieder präsent, was er uns, den Brüdern, damals in beeindruckender Weise versuchte nahe zu bringen.

Das Thema lautete: „Das vierte kleine Licht“: »Die letzte Weisheit, das rational nicht Fassbare, nicht Beschreibbare ist da und ich bin in der Lage, es heute zu erfühlen. Es ist da und tröstet mich. Es ist jener Ort im Nordosten, wo ich begonnen habe und wo ich ende. Es ist „der“ Ort der Ahnung, um die ich mich oft vergeblich bemüht habe.

Die letzten Schritte gehe ich allein. Die letzte Weisheit benötigt keine Ratschläge mehr. Alles ist meine Wahrheit, meine letzte Weisheit, meine letzte Wirklichkeit, die mir niemand nehmen kann, wenn sich der Kreis schließt. Im Angesicht der letzten Weisheit nähere ich mich dem Ort und begreife endlich dieses „Schau über dich“. Es ist mir, als möchte ich sie weitergeben, diese Hoffnung, diese Ahnung. Weitergeben an diejenigen, die so wie einst auch ich, an ihrer entzauberten Welt durch eigenes Verschulden verzweifeln.

Es ist der Ort, wo unser junger Bruder, vielleicht noch unwissend, eingedenk des Todes die Menschenrosen auf dem weichen Kissen niederlegt (Rezeption). Der Ort des durch nichts auf der Welt darstellbaren, des tröstenden „vierten kleinen Lichtes".«

Es fiel mir wie Schuppen von den Augen, große Erleichterung machte sich in mir breit und ich fühlte, wie sich dieses „Ich", das mir in der Vergangenheit stets im Wege stand, mich bei all meinem Tun behinderte, in nichts aufzulösen begann. Und dies alles, ohne mein Zutun, ohne die geringste Anstrengung. Ich fühlte förmlich, wie etwas ganz anderes, Unerklärbares an dessen Stelle trat. Etwas, so war es mir jedenfalls, das für mich jetzt greifbar nahe war, konkrete Formen anzunehmen begann.

Gedanken an die Worte von Gustav Landauer, auf dem Weg zum Grabe seiner Frau, kamen mir wieder in den Sinn: »Das Leben ist kein begrenztes, das mit der Geburt begonnen hat und mit dem Tode endet. Du bist von jeher in der Welt gewesen, die ohne Anfang und ohne Ende ist und du kannst aus dieser nicht verschwinden. Dein Menschsein ist nur eine der unzähligen Erscheinungsformen des Daseins, dein Tod nur ein Übergang, eine Verwandlung in eine andere Form, die wir freilich nicht ahnen können.«

Anhang

Ernst und Falk – Ein sechstes Gespräch

Vorrede eines Dritten

Der Verfasser hatte mit seinem vorherigen, fünften Gespräch bei den damaligen Freimaurern einen wahren Entrüstungssturm ausgelöst. Die Maurer liefen Sturm dagegen und man bat ihn eindringlichst, letzteres Gespräch nicht zu veröffentlichen. Was war der Grund?

Er hatte sich zu einer geradezu abenteuerlichen Spekulation hinreißen lassen, nämlich dieser: »Was im Englischen Free Masonry heißt, sollte in Wahrheit Massony heißen, und was wir durch Maurerei übersetzt haben, hätten wir durch das alte, aber eben so deutsche als englische Wort Massonei übersetzen müssen. Denn „Massonei" war seit undenklichen Jahren der Name des ältesten und berühmtesten Ordens der je auf der Welt gewesen. Ein Zweig dieses Stammes sind die Freimaurer; ein aufgepfropfter Zweig allerdings! Und nur, weil die wahre Bedeutung des Wortes „Massonei" vergessen wurde und man Masonry mit Massonei verwechselte hatte sich die „Maurerei" in den Orden eingeschlichen. Die Brüder nämlich machten sich das allgemeine Missverständnis zunutze, und da man ihre Massony für eine Massonry hielt, wurden sie bewogen, das gesamte Brauchtum von den Maurern zu entlehnen.«

Man schreibt das Jahr 2023. Abermals treffen sich die Freunde „Ernst und Falk" zu ihrer Brunnenkur in Pyrmont. Ernst ist nach wie vor praktizierender Freimaurer und Logenmitglied. Falk dagegen hat sich endgültig aus dem Logenleben zurückgezogen, verfolgt das Logentreiben aber weiterhin, wenn auch mit etwas geringem, aber doch amüsiertem Interesse.

Falk: »Es ist schön, dass wir einander wiedersehen!«

Ernst: »Das wird sich erst weisen. Aber wie ich sehe, bist du von Pyrmonter-Wasser auf Wein umgestiegen.«

Falk: »Ich kann Menschen kaum verstehen, die ihr Geld lieber zum Apotheker als zum Weinhändler tragen. Etwas hat bei unseren früheren Gesprächen eindeutig gefehlt. Sieh den ganz vorzüglichen Wein hier, garantiert ohne Zucker! Er belebt die Sinne und beflügelt den Geist! Auch du, mein Freund, solltest ihn dir nicht entgehen lassen!«

Ernst: »Vielleicht später, für Gespräche mit dir bedarf es eines klaren Kopfes.«

Falk: »Schmeichelhaft für mich, aber schade für dich.«

Ernst: »Ich habe über unser letztes Gespräch nachgedacht.«

Falk: »Hilf mir auf die Sprünge. Worüber haben wir noch gesprochen?«

Ernst: »Worüber wohl, natürlich über die Freimaurer!«

Falk: »Ja richtig! Na und, was tut sich so bei euch? Was macht das Logenleben? Gibt es neue Erkenntnisse? Hat die geistige Umwandlung bereits eingesetzt oder tritt man nach wie vor auf der Stelle?«

Ernst: »Bevor ich darauf zu sprechen komme, möchte ich dich auf einen fatalen Irrtum hinweisen, welcher dir unterlaufen ist. Und den du mir, schlimm genug, als den Urgrund aller Maurerei verkaufen wolltest. Die Freimaurerforscher haben indessen deine

Sicht der Dinge gründlichst widerlegt. Wie konnte gerade dir, mein Freund, so ein verhängnisvoller Fehler unterlaufen? Welcher Teufel hatte dich damals geritten?«

Falk: »Meinst du mit Freimaurerforschern etwa gewisse Kreise, welche „Andersons Märchen" über die Entstehung des Bundes um jeden Preis aufrecht erhalten wollten? Aber ich sehe, du hast dich mit der Geschichte der Templer befasst.«

Ernst: »Ja, leider.«

Falk: »Zu welchen Erkenntnissen bist du gekommen?«

Ernst: »Jedenfalls zu Erkenntnissen, die wenig schmeichelhaft für dich sind!«

Falk: »Jetzt machst du mich allerdings neugierig.«

Ernst: »Du nanntest das Wort „Masonry" eine Wortverdrehung, das in Wahrheit „Masony" und auf deutsch „Massonei" heißen müsste. Ein Wortwitz also, aufgrund dessen die Freimaurerei gezwungen war, Symbole und Brauchtum der operativen Maurer zu übernehmen, mit denen sie in Wahrheit aber niemals etwas zu tun hatte. Pech nur für dich, dass es das Wort „Massonei" weder im deutschen, noch im englischen Sprachraum jemals gegeben hat!«

Falk: »Dann vielleicht „Massenie"; ein uralter Ritterorden?«

Ernst: »Massenie, Massonei. Was macht denn das für einen Unterschied? Willst du deine Spielchen etwa noch weitertreiben? Warum gestehst du nicht einfach ein, dass du dich geirrt hast? Wie viele Beweise braucht es eigentlich noch, bis du deinen Irrtum zugibst?«

Falk: »Übereile dich nur nicht! Ich verstehe ja die Entrüstung gewisser damaliger Kreise. Deine kann ich jedoch nicht nachvollziehen. Nur weil das Wort „Massonei“ in Vergessenheit geraten ist und uns heute unter „Massenie“ besser bekannt ist, beweist dies noch lange nichts gegen meine Theorie. Bedenklich ist allerdings, dass die Londoner GL, 300 Jahre nach ihrer offiziellen Gründung, über ihren Ursprung immer noch im Unklaren ist. Oder hat man sich in diesem Punkt etwa schon geeinigt?«

Ernst: »Nicht das ich wüsste. Die überwiegende Mehrheit sieht unseren Ursprung nach wie vor bei den Bauhütten des Mittelalters, einige bei den Templern, andere gar bei Moses. Manche beim Bau des Salomonischen Tempels und einige wenige, besonders fantasiebegabte Brüder sehen diesen zeitgleich mit dem Entstehen der Welt.«

Falk: »Man kann freilich in der Geschichte nicht viel weiter zurückgehen als bis zur Entstehung der Welt.«

Ernst: »Dein Sarkasmus in Ehren. Trotzdem möchte ich dich an deine eigenen Worte erinnern, mit denen du mir vor langer Zeit das Wesen der Maurerei nahebringen wolltest. Du erinnerst dich vielleicht noch?«

Falk: »Was soll ich damals gesagt haben?«

Ernst: »Du sagtest: „Die Freimaurerei war immer!“«

Falk: »Und sie war es auch.«

Ernst: »Für Rätsel bin ich nicht mehr zu haben. Aber eine Frage habe ich wirklich, und ich hoffe du wirst sie mir diesmal schlüssig beantworten?«

Falk: »Ja, aber erst nachdem die Frage gestellt ist.«

Ernst: »Du sprachst damals von jener Verwandtschaft zwischen Templern und Freimaurern. Von jenem großen Punkt, in dem die Templer die Freimaurer ihrer Zeit waren, wie du dich ausdrücktest. Du erinnerst dich?«

Falk: »Gewiss, aber du hast offenbar die Geschichte der Templer nicht mit der nötigen Aufmerksamkeit verfolgt, denn sonst könnte dir dieser wichtige Punkt nicht entgangen sein.«

Ernst: »Deshalb appelliere ich ja an deinen bewährten Scharfsinn! Und dies ungeachtet deines Weingenusses. Du wirst mich doch nicht enttäuschen?«

Falk: »Ernst! Du weißt, warum ich dich deines Namens erinnere! Dass die Idee dieses geistlichen Ritterordens am Misstrauen der weltlichen Macht scheitern musste, war klar. Aber auch die Kirche fürchtete die Tempelherren. Sie hatten im Orient Toleranz gelernt. Statt die Sarazenen zu vernichten, lernten die Templer das Menschliche, Gleichartige, Brüderliche an ihnen schätzen. Tempelherr und Emir schlossen Freundschaft und sogar die Religionen näherten sich einander an. Diese Ritter hatten die Welt gesehen, ihr geistliches Kleid moderte nicht in einer Klosterzelle. Sie tummelten sich durchs Leben mit Tatkraft und Selbstgefühl. Sie lasen Messen auch in Gegenden, wo der Fluch der Kirche die Glocken zu schwingen verbot und die Sakramente nicht verabreicht wurden. Sie waren also der Geistlichkeit zu frei, zu weltlich, zu weltmännisch und zu vorurteilslos. Sie mussten vernichtet werden!«

Ernst: »Haben sie Fehler gemacht?«

Falk: »Nicht direkt. Die geistlichen Ritterorden hatten sich ganz einfach überlebt und verfielen zusehends. Sie, die den Tempel von Jerusalem bewachen sollten, wussten nicht, dass man einen neuen Tempel im eigenen Herzen, einen Tempel der Menschheit gründen, ihn ausbauen und bewachen musste. Sie, die auf Johannes den Täufer verpflichtet wurden, d. h. auf den Geist, nicht auf den Buchstaben des Christentums, entfernten sich immer mehr von ihrem Ursprung, ihrer ersten Bedeutung!«

Ernst: »Jetzt geht mir ein Licht auf! Du meinst jenen Tempel, den man in Jerusalem suchte und den man überall hätte finden können. Und genau jene Idee war es, welche letztlich die moderne Freimaurerei entstehen ließ?«

Falk: »Genau darauf wollte ich hinaus. Die Idee nämlich, die Tempelherren zu reaktivieren, war gelinde gesagt nichts anderes als Anachronismus.«

Ernst: »Und die Alchemisten? Wie man hört, hatten die damals die Logen sogar in Chemielabors umfunktioniert.«

Falk: »Bitte keine Alchemisten-Diskussion! Und die Vergangenheit haben wir ja nun zur Genüge abgehandelt. Was momentan so bei euch abläuft, das würde mich viel brennender interessieren?«

Ernst: »Da läuft allerdings einiges ab: Alles ist viel liberaler geworden.«

Falk: »Schlecht?«

Ernst: »Dass London sich dazu hinreißen ließ, Frauen-Logen für regulär zu erklären, ist dir bekannt?«

Falk: »Ich habe es am Rande vernommen. Und, gibt es sie etwa noch?«

Ernst: »Nicht mehr in unserer Obödienz. Anfangs kamen sie ja in ganzen Schwärmen. Schon bald begannen sie sich jedoch zu separieren und gründeten auch bei uns reine Frauen-Logen. Den Brüdern verwehrten sie in der Folge zu diesen den Zutritt.«

Falk: »Dabei hat die Großloge tatenlos zugesehen?«

Ernst: »Das Problem hatte sich von selbst gelöst. Die Schwestern gingen nach einiger Zeit der Unruhe wieder dorthin zurück, woher sie gekommen waren.«

Falk: »Dann ist ja wieder alles „eitel Wonne"?«

Ernst: »Ganz und gar nicht. Der Vatikan hob nämlich den Kirchenbann gegen die Freimaurer auf!«

Falk: »Und das stört dich?«

Ernst: »Die Geistlichkeit strömt jetzt in Massen zu uns. Schon das zweite Logenhaus platzt förmlich aus allen Nähten. Die geistlichen Brüder gehen daran, wie vormals die Ärzte, rein geistliche Logen zu gründen. Man treibt die Symbolik nunmehr bis zum Exzess. Von allen Seiten tönt es nur mehr: „Zurück zu den Fundamenten!" Was immer man auch darunter versteht. Man munkelt sogar, dass, wenn diese geistlichen Brüder ganz unter sich sind, sie ihre eigenen Rituale pflegen, an einem inneren Orden zu arbeiten scheinen.«

Falk: »Haben sie etwa vor, den Templerorden zu reaktivieren?«

Ernst: »Man vermutet Schlimmeres.«

Falk: »Was kann schlimmer noch sein?«

Ernst: »Der Jesuitenorden!«

Falk: »Alles schon einmal da gewesen. Die Geschichte scheint sich zu wiederholen.«

Ernst: »Dabei hatte die Freimaurerei einst das große Glück, genau zur rechten Zeit ans Licht des Tages treten zu können. Sie erlitt nicht das Schicksal ähnlicher Gesellschaften, die der Lächerlichkeit preisgegeben wurden. Ihr Brauchtum und ihre Zeremonien erschienen vielen ehrwürdig, beeindruckten Fürsten und Allgemeinheit gleichermaßen. Aus ihrer Idee entsprangen Ideale, wie Freiheit, Gleichheit, Brüderlichkeit und Toleranz, die heute längst Allgemeingut sind.«

Falk: »Du sagst es! Und dass sie sich erhalten konnten, obwohl sie von der Vollendung und Besserung der Menschheit sprachen, gleicht wohl einem kleinen Wunder. Ein Vorrecht nämlich, das vormals ausschließlich Kirche und Staat für sich in Anspruch nahmen. Aber sollte uns nicht gerade diese Tatsache ermutigen, an die Möglichkeit einer Verbrüderung, die nur geistige Zwecke verfolgt, zu Recht glauben zu können?«

Ernst: »Wenn sie sich nur nicht irgendwann einmal mit Allgemeinplätzen zufrieden gegeben hätten.«

Falk: »Allgemeinplätze?«

Ernst: »Wie etwa die: Bilde dich selbst, dann bildest du die Welt! Bessere dich selbst, dann wird die Welt besser! Das sind Trivialitäten, gefährliche Gemeinplätze sogar und obendrein wirkungslos!«

Falk: »Weißt du ein besseres Rezept?«

Ernst: »Ich glaube doch.«

Falk: »Und du würdest es mich wissen lassen?«

Ernst: »Liebend gern! Denn wie wäre es, wenn es außer deinem, wie du behauptest, seit Menschengedenken bestehendem Bund noch eine andere, freiere Gesellschaft gäbe, die das, wovon wir sprachen, nicht verschlossen, sondern vor aller Welt, nicht in Gebräuchen und Sinnbildern, sondern in klaren Worten und Taten triebe? Und zwar unter allen aufgeklärten Völkern der Erde!«

Falk: »Sprich weiter!«

Ernst: »Wenn ich in dieser Gesellschaft, die ebenfalls zu allen Zeiten existiert hat, längst gelebt und in ihr meine Heimat, meine liebsten Freunde gefunden hätte?«

Falk: »Ganz nach meinem Sinn; aber nenne mir deine Gesellschaft!«

Ernst: »Die Gesellschaft, die alle denkenden Menschen in aller Welt teilen!«

Falk: »Groß genug ist sie, aber leider auch nur eine zerstreute, unsichtbare „Kirche".«

Ernst: »Du irrst, sie ist gesammelt, sie ist seit langem sichtbar! Gutenberg war, wie soll ich sagen, einer ihrer ersten Großmeister. Und ich treffe in dieser Gesellschaft alles an, was mich über die Trennungen der bürgerlichen Gesellschaft erhebt. Was mich zum Umgang nicht mit solchen oder solchen Menschen, sondern mit Menschen überhaupt bildet.«

Falk: »Ich verstehe dich. Seitdem die Buchdruckerei ihre Worte und Zeichen in alle Welt sendet, sollte es, meinst du, keine geheimen Worte und Zeichen mehr geben. Bedenke aber: Auch die Buchdruckerei ist keine Erscheinung der neueren Zeit. Außerdem stiftete auch sie lediglich eine idealistische Gesellschaft!«

Ernst: »Das muss wohl so sein. Denn über Grundsätze können sich nur Geister miteinander verständigen. Die Zusammenkunft der Körper ist sehr entbehrlich. Im Umgang mit Geistern aber, auf „Fausts Mantel" bleibt meine Seele frei.«

Falk: »Und du glaubst wirklich, deine Gesellschaft hebt dich über alle Vorurteile hinweg?«

Ernst: »Völlig! Denn wer hegt schon bei der Lektüre von Homer, Plato, Goethe u.a. nationale, religiöse oder gar gesellschaftliche Vorurteile?«

Falk: »Und du kannst dich auch mit ihnen verständigen?«

Ernst: »Denk nur an uns beide. Ich kannte deine literarischen Werke, sprach also mit deinem Geist, noch ehe ich deine Person sah. Ich erkannte dich, lange bevor ich Freimaurer wurde, an Wort, Griff und Schlag. Deine und ähnliche Taten hatten längst etwas in mir bewirkt, was Gebräuche und Zeichen, wenn überhaupt, dann wohl nur sehr langsam bewirken könnten. Sie hatten mich über Vorurteile anderen Menschen gegenüber längst erhoben!«

Falk: »Welche Taten?«

Ernst: »Dichtung, Philosophie und Geschichte sind die drei Lichter, die Nationen und Geschlechter erleuchten: ein heiliges Dreieck!«

Falk: »Und du denkst, dass diese drei Lichter auch Taten bewirken? Und wenn ja, bedarf es dazu einer neuen Gesellschaft? Wäre nicht gerade der Freimaurerbund die geeignetste Hülle für deine Idee? Er wurde doch von den Stiftern unseres Bundes genau für jenen höheren Zweck gegründet. Ich kenne keine andere bestehende Institution, in welcher die erhabene Idee des Menschheitsbundes von so langer Hand vorbereitet wurde. Jetzt geht's doch in Wahrheit nur mehr darum, einer vielleicht leeren Hülle den Inhalt zu geben!«

Ernst: »Zeit genug hatte man ja wirklich. Ganze 300 Jahre sogar. Aber offensichtlich krankte es an Antriebslosigkeit!«

Falk: »Ich verstehe deinen Unmut. Aber gäbe nicht gerade unsere Bruderschaft einen wichtigen Antrieb mehr?«

Ernst: »Ich erinnere dich an deine eigenen Worte: „Sag mir nichts über die Menge der Antriebe. Lieber einem einzigen Antrieb alle Kraft gegeben! Denn die Menge solcher Antriebe ist wie die Menge der Räder einer Maschine. Je mehr Räder, desto wandelbarer."«

Falk: »Und was wäre dein einziger Antrieb?«

Ernst: »Humanität! Gäbe man diesem Begriff all seine Stärke, und legte ihn sich selbst und anderen als unumgängliche, erste Pflicht ans Herz, alle Vorurteile von Rasse und Religion sowie das dümmste aller Vorurteile, nämlich der Standesdünkel wären ...«

Falk: »Verschwunden? Da irrst du dich gewaltig!«

Ernst: »Wenn schon nicht verschwunden, so doch zumindest abgeschwächt, weniger schädlich gemacht.«

Falk: »Du kennst meine Meinung: Siege über Vorurteile können nur von innen heraus und nicht von außen in uns hinein errungen werden! Die Gesinnung macht den Menschen, nicht die Gesellschaft, in der er sich bewegt! Wenn sie vorhanden ist, formt sich die Gesellschaft von selbst!«

Ernst: »Richtig! Denn nimm zwei Menschen gleicher Gesinnung, wie etwa uns beide; auch ohne Griff und Zeichen verstehen wir uns und bauen so im Stillen am großen, edlen Bau. Jeder, wie er kann, mit seinen Möglichkeiten. Weil er überzeugt ist, dass dieser unendliche Bau nur von aller Hände ausgeführt werden kann, so erfreut er sich auch am Werk des anderen. Denn er weiß, dass dazu alle Zeiten und alle menschlichen Beziehungen benötigt werden.«

Falk: »Vortrefflich! Du bist am rechten Weg; auf ihm gibt es freie Arbeit. Kein wahres Licht lässt sich verbergen, und das reinste Licht sucht man eben nicht in „Dunklen Kammern".«

Ernst: »All die Symbole waren einst wichtig und gut. Sind sie es aber noch für unsere Zeit? Oder ist heute nicht sogar das Gegenteil unserer Methode nötig: reine, helle, offenbare Wahrheit.«

Falk: »Glaubst du aber nicht, dass dem Begriff Humanität irgendwann einmal das gleiche Schicksal wie vormals schon ähnlichen Begriffen widerfahren könnte?«

Ernst: »Von welchem Schicksal sprichst du?«

Falk: »Jenes Schicksal, das Wörter wie Toleranz, Esoterik, Mystik und Magie erlitten hatten, nachdem das windige Geschwätz den letzten Geist herausgeblasen hatte.«

Ernst: »Das wäre allerdings sehr inhuman!«

Falk: »Bedenke nur, schon heute stößt der Begriff „Humanität" bei vielen auf Unverständnis. Weil man dem Wort „Mensch" und noch viel mehr dem barmherzigen Wort „Menschlichkeit" oft Eigenschaften wie Schwäche und falsches Mitleid unterlegt hat. Milde lächelnd, ja beinahe verächtlich sprechen manche von einem „nur" guten Menschen. So als hätte diesen die Menschlichkeit in einem Anfall von Schwäche übermannt. Das schöne Wort Menschenliebe ist so trivial geworden, dass man lieber vorgibt die ganze Menschheit zu lieben, um aber in Wahrheit keinen einzigen wirklich lieben zu müssen.«

Ernst: »Humanität ist das Wesen der menschlichen Rasse! Sie ist uns aber nur von der Anlage her angeboren und muss von uns erst ausgebildet und veredelt werden. Wir bringen sie nicht fertig mit zur Welt, sie sollte aber das Ziel all unserer Bestrebungen sein. Denn wenn der „Dämon", der uns regiert, kein humaner „Dämon" ist, so werden wir zu „Quälgeistern" der Menschen!«

Falk: »Vortrefflich! Ich wünsche dir viel Glück. Halte mich mit deiner neuen Gesellschaft auf dem Laufenden.«

Danksagung

Es ist mir ein Herzensbedürfnis, all jenen, die mich bei diesem Buchprojekt unterstützt haben, ein aufrichtiges Dankeschön zu sagen: Da wäre einmal der Großmeister von Österreich, Georg Semler, der mich mit aufmunternden Worten und Taten stets unterstützt hatte, dieses Buch herauszubringen, mein Verleger und Freund Norbert Regitnig-Tillian, der das Buch schließlich in Windeseile herausgab. Aber auch den Brüdern meiner Loge sowie meinem Freund und Stuhlmeister gebührt mein Dank! Und nicht zuletzt meiner lieben Frau Karin, die es mittlerweile seit nunmehr 21 Jahren an der Seite eines Freimaurers ausgehalten hat – aber wie heißt es im Buch so schön: „Auch Freimaurer sind Menschen".

Dieter Hönig

Über den Autor

Der freie Journalist und ehemalige Opernsänger Dieter Hönig wurde 1945 in Flensburg/BRD geboren. Seine Berufslaufbahn begann er im Alter von achtzehn Jahren als kaufmännischer Angestellter, allerdings mit enden wollender Begeisterung. Bereits zwei Jahre später begann er an der Wiener Musikuniversität sein Studium in den Fächern Opern- und Liedgesang, das er ein paar Jahre später mit Auszeichnung abschloss. Neben verschiedenen Sänger-Engagements sang er in einer Wiener Uraufführung von Kurt Weils Oper: „Der Zar lässt sich fotografieren" 1978 erstmals am Wiener Akademietheater die Titelpartie. Neben der Oper schlug sein Herz allerdings mehr für das Lied, was zahlreiche Auftritte als Liedsänger zur Folge hatte. Nach Beendigung seiner vierzig Jahre andauernden Sängerlaufbahn vor rund zehn Jahren arbeitet er nun als freier Journalist für verschiedene Medien wie das Wissenschaftsmagazin „Falter Heureka", das „Magazin der Österreichischen Forschungsgemeinschaft" ÖFG, das „People Magazin", die „OÖ Nachrichten" u. a.